全球电商进化史

新零售浪潮中，被裹挟还是崛起？

[美] 波特·埃里斯曼　著　　李文远　译

ZHEJIANG UNIVERSITY PRESS
浙江大学出版社

谨以此书

献给我挚爱的梅兰妮（Melanie）、琳赛（Lindsay）和雅各布（Jacob）

口袋里的商场

我的眼睛盯着刀锋，它跟我的咽喉只有几英寸距离。一名匪徒拿刀抵着我的脖子，另外三名同伙掣着我的双臂，使我不由自主地挺起了胸膛。那一瞬间，电商早就被我抛到九霄云外去了，我的脑海里只思考一个问题：在这光天化日之下，难道我就这样死在波哥人（Bogota）的小巷子里？

"Barrio！... Barrio！... Barrio！... "虽然我的西班牙语很蹩脚，但也听得懂这个词的含义，它的意思是"街区"。显然，我走错地方了。

没想到我的首次南美洲之旅开局如此不利。遇袭前一天晚上，我刚刚抵达波哥大，准备开始在哥伦比亚的五座城市进行巡回演讲，与听众分享我在阿里巴巴（Alibaba）的工作经历并介绍中国电子商务的发展情况。起初我很谨慎，虽然下榻酒店街对面的酒吧里传来诱人的萨尔萨舞曲，但我还是选择在房间里睡觉。

天亮后，我壮着胆子走出酒店，沿大路走到玻利瓦尔广场（Plaza de Bolivar）。广场很空旷，四周都是西班牙殖民时期的建筑。广场上全是人，小孩在车辆禁止通行的街道上玩耍。我小时候看过不少与哥伦比亚相关的贩毒主题的电影，但看到眼前这一幕，我不禁心想："也许现实中的哥伦比亚要安全得多。"

只有从警察身上才能看出哥伦比亚曾是一个暴力事件频发的国度。这些警察穿着迷彩服，肩上扛着步枪，沿着大道三步一岗，五步一哨。显然，他们的职责是维护治安，让行人享受周日的清晨。

有荷枪实弹的警察壮胆，我摒弃了固有成见，冒险走出市中心，看看是否能找条小路到附近山顶上俯瞰城市风光。我路过一座黄色的教堂，听到里面正在唱赞美诗，然后沿着教堂后面的一条鹅卵石步道朝山上走去。那里就是我遇袭的地方。

这些十几岁的小混混愤怒地吼叫着，声音越来越大，为首的头目手忙脚乱地拿出折叠刀，似乎要往我身上捅。我开始慌了，向他们乞求道："求你了！求你了！我不知道这是你们的地盘！我真的不知道！"我从后裤兜里掏出钱包，把它扔在地上，然后又从前面的裤兜拿出苹果手机递给他。虽然他们看上去不是想要我的钱，但我还是将自己身上的所有东西都给了他们。

他们终于松开了我的胳膊，并向后退了一步。那位头目对我怒目而视，然后挥挥手赶我走。他的眼神告诉我：别再回来了。我一边撒开双腿狂奔下山，一边在心里责怪自己太天真。

"每个街区之间都有无形的界线，你肯定是越界了，"一名当地人事后对我说，"那里经常有毒品交易和帮派活动，居民们都知道他们的地盘在哪里。

外来人如果走错街区，很可能会被杀死。你得庆幸自己当时没有反抗。"

　　我简直无法相信自己如此天真。在中国，我从来不用担心自己的人身安全。需要提醒大家的是，在绝大多数发展中国家，贫穷在一定程度上是与暴力相生相伴的。

　　冷静下来以后，我意识到自己将面临一个更严重的问题。我这趟行程的资助者是哥伦比亚政府，他们想借着我在中国积累的经验推广电商创业。然而，在这样一个人身安全都得不到保障的国家，我的经验还管用吗？就在几年前，哥伦比亚被外界视为一个失败的国家，毒品走私不但摧毁了哥伦比亚的经济，也让政府信誉丧失殆尽，给这个国家造成了巨大的伤害。

　　但在那一刻，我终于明白了电子商务在新兴市场的真正作用。电子商务之所以能在中国蓬勃发展，正是因为互联网进入中国时，中国的经济和法律基础设施尚不健全，电子商务迅猛发展所需的经济、政治和法律机制尚未建立起来，于是，互联网企业及其线上社区在一定程度上起到了辅助市场发展的作用。

　　这个道理放之四海而皆准。从波哥大到孟买，再到拉各斯，制度越不健全的地方，电商生根发芽的机会就越大。中国电商的先行者们曾遇到过物流、支付和信任等难题，但他们最终解决了这些难题；同样地，哥伦比亚的电商创业者也可以借助互联网来应对在当地面临的挑战，包括人身安全和社会治安问题。当商界开始着手解决这些问题时，电子商务便会茁壮成长，为创业者、跨国公司和消费者创造出新的机遇。

　　这是不是显得有点盲目乐观？假如没有中国作为先例的话，这个想法有可能就是痴人说梦。但是，作为中国电商革命的亲历者，我认为其他国家正在仿效中国的做法，它们正在改变本国的经济形态和零售模式。电子商务以搅局者的姿态崛起，将给品牌商、零售商、物流业和金融机构带来极大影响，而只有随着时间的推移，这种影响才会完全显现出来。

请看看当下中国电子商务的蓬勃气象吧！ 2000 年，当我加入阿里巴巴时，这家公司刚刚从创始人马云（Jack Ma）的寓所搬出来。那些带有怀疑眼光的人告诉我，电子商务在中国行不通。他们列举了很多理由，其中包括：中国的支付基础设施落后，几乎没有人使用信用卡；中国的物流基础设施薄弱；技术人才和管理人才都集中在硅谷。他们还说，中国消费者对网上商店的信任度极低，肯定不会在网上买东西，这将是最致命的一点。

将时间快进十几年，我们看到的是以下这组惊人的数据：

中国已经成为全世界最大的电子商务市场。

2016 年，阿里巴巴旗下的消费者网站在 24 小时内的成交额超过了 178 亿美元，高于美国"黑色星期五"（Black Friday）和"网购星期一"（Cyber Monday）的网络销售额总和。

如今，中国电商销售额占中国零售总额的 14%；相比之下，美国电商销售额只占全美零售总额的 8%。照此预测，至 2020 年，中国电商销售额将占中国零售总额的 21.5%。[1]

而此时，中国网络人口数量只占全国人口总数的一半。很难想象，当所有中国人都用上互联网时，中国的电商市场将会变得多么庞大。

2014 年，阿里巴巴首次公开募股（IPO）便成功融资 25 亿美元[2]，创造了全球最大规模的 IPO 纪录。从那以后，中国电商成为世界媒体的焦点，并引发了印度、东南亚、拉丁美洲和非洲等地的电商投资狂潮。本书将向读者们一一介绍这些潜力巨大的新兴市场，让读者们充分了解电商的历史、现状和未来。

在开始讨论之前，为了让读者们了解电商的前世今生，我将从 19 世纪初处于萌芽状态的美国零售市场谈起，讲述美国零售业是如何渐进式发展，从传统商业平稳过渡到电子商业的。读者们还会了解到 eBay、亚马逊（Amazon）等美国电商巨头的早期发展史。我从美国电商讲起的另一个原因就是：如今新兴电商市场的早期发展模式都是模仿美国的，却鲜有成功案例。明白了这一点，我们就能理解发展中国家的电商（包括它们的品牌和企业）为什么会朝一个不同的方向发展。

在第二章，我们将前往全球最大的电商市场：中国。为了弄清楚中国深厚的文化底蕴是如何让全社会更容易接受电子商务的，我们将走访一些偏远的乡村。20 世纪 90 年代末以后，中国的电子商务迅速崛起，发展速度超越了西方。与北美和西欧相比，电子商务在中国经济中扮演的角色更加重要。我将向读者们阐述这一现象背后的原因。在追溯这场电商变革的过程中，我会跟大家探讨一些重点企业的发展史，包括腾讯、京东和我的前雇主阿里巴巴。

第三章讲述的是中国电子商务的现状及未来发展方向。与印度和东南亚国家相比，中国电商市场已经非常成熟和结构化，因此，它为未来新兴市场电商的发展提供了一个极好的榜样。在这章中，我将会讲述中国主流电商平台与 eBay 和亚马逊的不同之处，并阐述中国企业是如何充分利用电子商务机遇发展壮大的，同时，我还要探讨某些越来越明显的发展趋势和中国电子商务所积累的经验教训。

在第四和第五章，我们将前往印度，那里是下一个全球大型电商市场。物流是印度商业面临的最大挑战之一，为了攻克这个难题，孟买的企业采用了很多创新手段，而"达巴瓦拉"（dabbawalla）① 就是最佳例子。我采访过

---

① 即"运送午餐饭盒的人"。——作者注

印度电商的一些先驱人物，他们很大方地跟我探讨自己犯过的错误、取得的成就，印度所面临的非凡挑战以及该国电子商务的发展方向，等等。从 eBay 到亚马逊，从软银（Softbank）到阿里巴巴，世界各地的电商领导者已经把印度变成了争夺全球电商主导权的中心，它们投入了数十亿美元，疯狂争夺"下一个中国市场"。从它们正在做的事情，我们就大概知道电商企业应如何在处于电商繁荣期的印度找准自我定位。

第六章的关注点是东南亚电商市场。继印度和中国之后，东南亚是最具增长潜力的电商市场。但是，新兴市场的电商企业并非都在本国运营。例如，火箭互联网公司（Rocket Internet）是一家在东南亚积极推广电子商务的先锋企业，它的总部却设在柏林。火箭互联网的名气远不如亚马逊、eBay 或阿里巴巴，但经过多年摸爬滚打，它已经建立起一个业务遍及东南亚、尼日利亚、巴基斯坦和墨西哥的电商帝国。火箭互联网有"克隆工厂"之称，它在一百多个国家按亚马逊和阿里巴巴的模式创建小型企业，并通过反复摸索和试验，成为某些国家电商市场的领导者。不过，火箭互联网公司也是"烧钱"大户，在投资人中引发不少争议，因为投资人不知道何时会得到回报。作为"企业孵化器"，火箭互联网公司是否在发展中国家的互联网企业如何迅速借鉴美国的成功经验方面创立了一套全新的发展模式？又或者它只是利用推销术或通过抄袭别人的商业模式将投资人引入歧途？我采访过火箭互联网公司的一位高管，他的话能让我们有所感悟。

诚然，东南亚的电子商务正在飞速发展。印度尼西亚已然成为投资者最青睐的市场。据报道，光是 Tokopedia 一家企业就打算筹资 2.5 亿美元收购火箭互联网创立的来赞达公司（Lazada）。接受我的采访时，Tokopedia 创始人说阿里巴巴已经成为来赞达的新东家，他希望自己的公司能与来赞达一较高下。自诩"丛林巨蜥"的 Tokopedia 已经布下棋局，它能否战胜阿里巴巴这头来自扬子江的大鳄？东南亚其他国家又能从中学到哪些经验呢？

第七章，我们的旅行目的地是拉丁美洲，那里的电子商务起步较晚，目前正处于腾飞阶段。一些诸如"自由市场"（Mercado Libre）这样的拓荒者成为该地区的电商领导品牌。对于拉美电商发展落后于中国的原因，"自由市场"有着独到的见解，并认为这种局面可能要发生变化。位于墨西哥城的电商企业 Linio 是"自由市场"的竞争对手，而它的幕后资助者正是火箭互联网公司。Linio 的高管认为，他们已经做好了拿下拉美市场的准备。

第八章，我们将前往电子商务最后一块处女地：非洲。在尼日利亚的拉各斯，我们将结识当地最大的电商企业 Konga.com。尼日利亚是非洲人口最多的国家，而这个国家最令人敬畏的商业财富之一就是它的乐观创业精神。为了做生意，尼日利亚的商人们要克服动荡的政局和无处不在的腐败现象，他们全靠这股强大力量作为支撑。

本书大部分内容带有浓厚的游记色彩，我想解释一下其中的原因。在阿里巴巴工作的 8 年时间里，我从进入中国市场的投资人和西方企业身上看到一种普遍的现象。他们花大量时间探讨数据、市场潜力和市场现状，但很少深究这些现象背后的原因。我想通过描述世界各地的风土人情和文化，使读者们更深入地了解全球电商发展史。众所周知，中国拥有 13 亿人口，而其中 5 亿人在网上购物。[3] 但光知道这一点是不够的，我要阐明的是他们的网购方式和原因。很多想进军新兴市场的电商企业就是在这两个问题上栽了跟头，导致数十亿美元付之东流。希望我的阐述能够帮助他们避开这些陷阱。

读者将看到我对某些市场（比如中国市场）的阐述比较详细，而对于东南亚等其他市场的探讨则较为泛泛。我写这本书的初衷并不是讨论每一个新兴市场的所有细节，因为很多行业报告已经做过相关的详细分析。相反，我的目标是聚焦某些市场或企业，从广义的角度讲述电商发展历程。

大家还会注意到，我着重谈论的互联网零售仅限于实体产品，而不是电子商务所涵盖的其他领域（比如旅行和其他服务项目）。这是因为互联网零售在零售业中占比最大，一旦实体产品转化为电子商务，其他市场（比如网络媒体和电子产品）也会跟进。

关于利益冲突问题，我有几句话要说。虽然我曾供职过本书提到的一些公司，或者担任过它们的顾问，但我现在跟它们已经没有任何关系。除了拥有非上市公司 Flipkart 一小部分股份之外，我与本书提及的任何一家公司绝无经济瓜葛。

本书出现了一些姓氏相同的企业家，比如：马云（Jack Ma）、马化腾（Pony Ma），或者宾尼·班塞尔（Binny Bansal）和萨钦·班塞尔（Sachin Bansal）。为了避免读者混淆，我会用全称或名字以示区分。

虽然我写作本书的目的是与读者分享我所学到的新兴电商市场开拓经验，但在波哥大的小巷子里遭遇那帮歹徒之后，我突然意识到那些年轻人恰恰就是最容易受益于电子商务的群体。在中国，我曾目睹过电商不仅让贫苦的村民能够在网上销售农产品，也给进城打工的务工人员提供了快递员这样的入门工作。假如没有电子商务，青年学生和初出茅庐的大学毕业生必定要在那些老态龙钟的国企浑噩度日；但电商给了他们一个追求梦想的机会，让他们能够创立自己的品牌，挣到足够的钱，得以思考生计以外的人生问题。电子商务还吸收了大量失业人员和下岗工人，给了他们一个重建职业生涯的立足之地。

在西方国家，传统零售业已经被电商冲击得体无完肤，但事实证明，电子商务在新兴市场的创造力大于破坏力，它创造了一些本来不会出现的机会，而不仅仅是摧毁陈旧的零售模式。通过讲述电子商务在新兴市场的发展历程，我希望能够帮助人们加深对电商的理解。

当然了，虽然电商为人们创造了更加便捷的买卖商品的机会，但这并不能够拯救世界。不过按理说，在帮助新兴市场摆脱贫困这件事上，电商发挥的作用要大于其他行业。智能手机的诞生不仅把商场放到了消费者的口袋里，也让创业者站到了零售终端的最前沿。电商能够把新兴市场的创业者与世界经济连接起来，帮助他们摆脱贫困。也许有一天，那些在波哥大袭击我的年轻人也能成为成功的创业者。

在电商的头 20 年发展历程中，它的目标是争夺发达国家的 10 亿消费者资源；而接下来这 20 年的故事将更加精彩。从中国到印度，从印度到非洲，电商市场为创业者们提供了更广阔的发展空间，迎接他们的将是拥有 60 亿消费者的新兴市场！

目 录

SIX BILLION

SHOPPERS

第一章

西方电商市场成功史

啊哈！富国银行的马车正在驶来。噢，
看在我的分上，让它去吧！

——《欢乐音乐妙无穷》（*The Music Man*）

首先，我们来回忆一下美国电商的发展史，这将有助于你真正理解新兴市场的电商发展历程及犯过的错误。所以我想回到过去，回到美国西部尚未开发的边远地区，去看看那时候的开放市场。

　　你正身处1875年的内布拉斯加平原，夏日的阳光洒在你家麦田上，丰收在望。你已经在这160亩麦田上耕耘了5年，并最终从政府那里获得了土地所有权。"多亏有了《宅地法》（Homestead Act）。"你心中暗自庆幸。收割季节已经来临，从现在开始，这片麦田上的所有收益都归你个人所有。

　　雄鸡报晓，新的一天开始了。你走出屋外，把几匹马拴在一台机械收割机上，然后坐在收割机上面，勒紧缰绳，用力抽了马屁股一鞭子，大喊一声："驾！"那几匹马开始跑起来。可是，身后的车轮发出吱吱声，车子还没完全动起来，你就听到了巨大的断裂声！马匹转向一边，收割机失去了控制，摇摇晃晃地停了下来。

　　"该死！"你心里想，"肯定是马具上破旧不堪的皮带断了。"你从收割机上跳下来，检查马具是否有问题，结果发现皮带已经无法修复。你需要一套新马具。于是，你解开马匹，把马具卸下来，然后给最强壮的一匹马装上马鞍，将其他几匹马留在田地里，骑马径直前往镇上的杂货店。这段路程要花一个小时。

路上尘土飞扬，你遇到了不少附近的农场主，有些农场主正在田地里耕作。木屋和麦田遍布乡村，有些屋子依旧有人居住，而有些屋子则人去楼空。因为农场主们觉得偏远地区的生活太艰苦、太孤独，远比不上大城镇或大城市的生活。

在满是尘土的马路上跑了一个小时后，你到达镇上。所谓的小镇，也只不过是几间木房子而已。你直奔杂货店。那是一座两层的木结构的房屋，小镇的教堂也在屋子里面。你把马系好，从转门走进杂货店，看到里面有几个熟人，觉得很开心。

你一走进店里，杂货店老板李·爱迪森（Lee Adison）便大声叫道："啊，看看谁来了！"你跟店里的人一一打招呼，并与其他农场主握手致意，然后坐在一张摇椅上，摇椅前面是由两只空酒桶摆成的桌子。杂货店老板娘吉娜·爱迪森（Gina Adison）立刻给你倒了一杯柠檬汽水，放在你面前的桌子上。"喝点汽水，歇口气，"她说，"有话慢慢说。"

"什么风把你吹来了？"李问道。

"今天早上我的马具坏了，希望你店里有得卖。"

"仓库里应该有，50美元一副。我去找找看。"

李朝杂货店后面走去，你转身跟住在这条街上的好友约翰·摩尔（John Moore）聊了起来。"50美元？"你低声说道，"老李为人不错，但一副马具卖50美元也未免太贵了吧！经营农场是个好行当，但下辈子我宁愿开间杂货店，这门生意才是最赚钱的。"

"我懂你的意思，"约翰接茬说，"老李是个好人，可我们在田地里挥汗如雨的时候，他却坐在这里，一边喝着柠檬汽水，一边赚着大钱。不过，自从我拿到蒙哥马利·沃德百货公司（Montgomery Ward）的产品目录之后，贵重产品我都从那里买了。"

"蒙哥马利·沃德？那到底是什么玩意儿？"

约翰伸过头来，确保李听不到他说话，然后从身上掏出一本小册子，封面上印着"蒙哥马利·沃德产品目录"几个字。"拿去看，"他说，"我敢打赌，你在目录上找到的马具价格只有老李店里售价的一半。"

你觉得很好奇，翻了翻这本小册子，结果看到一系列马具产品，其品类之丰富让你咋舌，既有双马的、单马的、加长版的，也有耕犁用马具，甚至还有山羊用的挽具。

你的手指沿着页面往下滑，发现了一款双马挽具，只要25美元！

"跟你说了吧，"约翰说，"只要几周就可以收到产品，这段时间里，我可以把我的马具先借给你用。如果你不喜欢新买来的产品，可以把它寄回去，卖家会给你全额退款。"

"但这些人信得过吗？"你问他，"现在强买强卖的商家可不少啊。"

"我一般是货到付款。你到美国运通（American Express）营业厅取货的时候先检查一下。如果不喜欢，你可以把它寄回去。满意了再付款。"

"不用罚款？"

"一分钱都不会罚。我和我老婆准备下周下个订单，如果你愿意的话，可以跟我们一起下单。"

你接受了约翰的建议，和他一起下了订单。这笔订单你不用出运费，所以你又加了两样东西：给妻子买的新款手持化妆镜和给儿子买的一只口琴。

"这本目录你留着吧，"约翰说，"下单后，他们会给我寄本新的目录过来。"

你听到了李的脚步声，急忙把目录册放进自己的小背包里。"我们暂时不要告诉别人，"约翰说道，"我不想让老李难过，我星期天去教堂做礼拜时都会遇到他。"

李拿着马具回到店里。"我找到了你要的东西，"他大声说道，"快过来看看。"

"谢谢你，老李，这马具看起来真不错，但我已经另外想办法了。这杯柠檬汽水多少钱？"

"好吧，先生，悉听尊便。"李带着不解的神情说道，"没关系，汽水算我送你的。"

你放了一美分硬币在桌上，和李握手告别。他送了你一杯新鲜的柠檬汽水，你总是要意思一下的。"谢谢，老李，很高兴见到你。"

你从转门走出去，解开缰绳，骑上马背。李看着你骑马远去的背影，挠挠头，转身对妻子说："这小伙子人倒是不错，但他远道而来，肯定不会是为了喝一杯柠檬汽水吧？"

零售业的演变

每当人们提及电子商务的先驱人物，首先浮现于脑海的必定是亚马逊创始人杰夫·贝索斯（Jeff Bezos）、eBay 创始人皮埃尔·奥米迪亚（Pierre Omidyar），甚至我的前任老板马云，但很少人会想到艾伦·蒙哥马利·沃德（Aaron Montgomery Ward）。实际上，蒙哥马利·沃德一开始给我的印象就是我家附近购物商场里的一间破旧杂货店。

不过，蒙哥马利·沃德本人堪称他那个年代的杰夫·贝索斯。假如 1875 年就有科技博客革新大会（TechCrunch Disrupt）的话，那蒙哥马利·沃德必定是世人瞩目的焦点。他的业务模式改变了美国西部民众的购物方式，非常具有创新性和颠覆性。

蒙哥马利·沃德百货公司成立于 1872 年，当时的美国是世界上最大的新兴市场。美国内战结束了将近 7 年，国内已经实现和平，这促使大批美国人从东部迁移到西部。1862 年，也就是美国内战开始 13 个月后，林肯签署《宅地法》，规定移居西部的美国人每人可获 160 英亩公用土地，该法案引发了移民狂潮。要获得这 160 英亩土地，移民只需支付一笔象征性的费用，并在土地上居住满 5 年，即可成为该项宅地的所有者。

实施《宅地法》之前，只有 14% 的美国人居住在密西西比河（Mississipi River）以西；而到了 1890 年，这个数字几乎翻了一番。[1]当时，美国大约 70% 的人口依旧住在农村地区[2]，但西部大移民使芝加哥成为日益壮大的铁路系统的主要枢纽。在铁路还没铺设到的地方，富国银行（Wells Fargo）和美国运通公司用马车为西部移民提供快递服务。

19 世纪的后 50 年，西部大移民促进了美国农业的飞速发展，农产品产值增加了两倍。[3]在此期间，制造业变得越来越重要。到了

1900 年，美国一跃成为全球制造业霸主，制造业总产值是英格兰的两倍，整个欧洲的一半。[4] 各种各样的实用产品迅速出现在沿海城市，但散居在美国西部的消费者还是很难接触到这些产品。

农村地区居民通常在当地的杂货店购物。杂货店在消费者的社交生活中扮演着非常重要的角色，因为人们平时没有其他聚集消遣的地方。杂货店店主除了向顾客们提供关于农作物的最新信息之外，有时候也会散播一些左邻右舍的闲言碎语。男人们可能会在店里喝上几杯威士忌，对华盛顿最近发生的事情发发牢骚。

然而，农场主往往比较厌恶杂货店老板，因为后者将产品卖得非常贵，比如：面粉的零售价可能是批发价的两倍，鞋子的零售价则在批发价的基础上直接加 60% 至 200%，羊毛西装的售价则是批发价的 3 倍。假如顾客以赊账的方式购买产品，那他们要支付的利率将高达 12.5%。[5]

正是在这样的时代背景下，艾伦·蒙哥马利·沃德脱颖而出。沃德曾当过杂货店经理和旅行推销员，经常与农场主们打交道，同吃同住，对他们面临的难题了然于心。他想到了通过产品目录册将货物直接卖给农场主。沃德用 2400 美元作为启动资金，与弟弟一起制作了第一份产品目录。该目录只有一张纸，上面是少量几种产品的价目表。到了 1874 年，目录的篇幅增加至 72 页，不仅有产品图片和价格，还有产品描述。[6]

《蒙哥马利·沃德产品目录》是世界上第一份以农场主为消费群体的综合类印刷目录。沃德告诉他的客户："经销商赚取商品40% 到 100% 的利润……而我们以最低的批发价销售产品，将为您节省下这部分利润……千万不要浪费钱，花 35 美元购买一件只用 20 美元就可以获得的商品。"为了说服那些心存疑虑的顾客，怂恿其大胆尝试，目录中采用了很多小标语，比如："致富良机，机不可失，时不再来！"[7]

沃德知道西部消费者会对这种模式持怀疑态度，于是他鼓励大家去验证他的说法——"这座城市充斥着无数江湖骗子，我们可不想被归类为这种人。在消费者向我们下订单之前，我特别希望他们对我们进行调查。如果所有人都这样做，那诚实正直的人就会得到拥护，而骗子将消失殆尽。"[8]他鼓励顾客走访蒙哥马利·沃德公司位于芝加哥的仓库，还鼓励他们联系他的团队。他说："我们会积极回答询问，公司的 25 台打字机随时恭候您的垂询。"[9]

如果你不想货到付款，可以通过美国邮政署（US Post Office）汇票和美国运通汇票支付货款，或者在当地快递办事处缴纳现金（当时的"快递"都是用马匹和马车投送包裹的）。在没有这些服务的地方，顾客可以通过邮票支付货款。收到货后，顾客若不喜欢该产品，只要把它寄回去，就能得到全额退款。[10]

不久，《蒙哥马利·沃德产品目录》就遍及美国农村地区。到了 1904 年，沃德已经寄出 300 万本目录，单本目录多达 600 页。尽管他的产品目录并没有取代杂货店，但毫无疑问，它们已经挑战和威胁到了杂货店的地位。人们再也不用长途跋涉去城里买稀有物品，蒙哥马利·沃德使边远地区的消费者也享受到了芝加哥密歇根大道（Michigan Avenue）的购物乐趣，他的产品目录把寻常百姓家的厨房变成了货源充足的商店。

大型零售商崛起

假如互联网出现在蒙哥马利·沃德那个年代，在沃德的带领下，大部分零售商或许早就成为互联网企业了。但我们知道，事实并非如此。美国的实体零售业开始了它的缓慢进化历程。

正当目录零售商与杂货店为了争夺美国农村市场的支配权而斗得不可开交时，被称作"新购物天堂"的百货公司开始在美国各大城市崛起。1878年，梅西百货（Macy's）开业，《纽约时报》（New York Times）刊登了这样一则头条新闻："第六大道上的大集市：梅西百货公司开业——那里的商品琳琅满目，应有尽有。"当时，其他百货公司也应运而生，包括位于芝加哥的马歇尔·菲尔德公司（Marshall Field's）和成立于底特律的哈德森百货公司（Hudson's）。这些富丽堂皇的百货商店安装了节日氛围浓厚的灯饰和吸引人的橱窗展柜，成为人们休闲娱乐的首选之地。每逢周六，城里的居民和游客不仅可以花一整天的时间浏览花样繁多的商品，还可以在百货大楼的餐厅里吃晚饭。[11]

工业革命后，越来越多的中产阶级渴望使用新产品。沃德和他的竞争对手理查德·西尔斯（Richard Sears）发现了这一趋势，将业务拓展到目录零售之外，积极开设零售店。1926年，沃德百货的零售店数量为0；仅仅3年后，它的店铺数量就飙升至500家。[12]西尔斯也迅速扩张自己的零售帝国，他不仅开百货商店，还在1950年后建设大型购物中心，用以开设西尔斯商场。与此同时，杰西·潘尼百货（J.C. Penney）在美国西部创立，并建立了一系列连锁百货商店。[13]

　　美国消费文化经受住了经济大萧条和第二次世界大战的考验，并且日渐壮大，在战后经济繁荣时期呈现出爆发式增长的态势。熬过了经济大萧条和两次世界大战的美国人的消费欲被彻底激发。当他们第一次打开电视时，就看到源源不断的产品广告。在美国各大媒体的助力下，区域品牌摆脱了地域限制，逐渐发展成为全国性品牌。

　　20世纪50年代，美国的人口统计数据随着地理环境变化而改变。州际公路系统不断完善，白人因担心市中心治安而搬到郊区居住，这两个因素促使市郊规模持续扩大，零售商也跟随着白人中产阶级搬到郊外。慢慢地，美国消费者离开了位于市中心的百货公司，开始光顾郊外的封闭式购物中心、沿高速公路兴建的商业街和大型零售商店。从50年代到90年代，这些零售商赚取了丰厚的利润。搬到郊区后，零售商的运营成本和用地成本均大幅下降，有利于产品价格的降低。与此同时，美国家庭汽车拥有率不断提升，消费者不仅可以开车到郊外购物，还可以一次性购买大量产品，往他们汽车的巨大后备厢里塞满一个月的日用品。[14]

　　零售商整合成区域性连锁店，形成了更大的规模经济。但是，直到曾经开过杂货店的山姆·沃顿（Sam Walton）横空出世，美国零售业才步入另一个高速发展阶段。

沃尔玛发展史

　　如果说蒙哥马利·沃德是19世纪美国零售业最大的"搅局者"，

那么，20世纪的山姆·沃顿堪称他的"衣钵传人"。在互联网时代到来之前，沃顿所创立的沃尔玛已经将实体零售业带上了运营效率的巅峰。沃顿将规模、科技和低价融合在一起，为杰夫·贝索斯和亚马逊奠定了发展基础并提供了灵感。沃尔玛的发展史值得探讨，因为它有助于阐述新兴市场已经错过的一些关键发展阶段。

1945年，山姆·沃顿从本·富兰克林（Ben Franklin）那里获得特许经营权，开了他人生中的第一家杂货店。当时，美国农村地区的零售业非常分散，而且效率极低，连锁店一般只为当地市场服务。沃顿后来在自传中写道："我们的本·富兰克林特许经营店是一家典型的老式杂货店，店面宽50英尺，长100英尺，正对着镇中心大街，面朝铁轨。当时，那些商店的每个柜台后面都有收银机和店员走道，售货员等着顾客来购物。自助购物这一概念还没诞生。"[15]

店员的职责是帮顾客从货架上取商品，这样做有助于防止商品被窃，但顾客发现这种购物方式实在太慢且非常令人不悦。有一个问题比低下的服务效率更严重，那就是居高不下的产品价格。这个问题已经困扰了美国农村地区的消费者100多年。零售商的利润高达30%至45%，但它们向消费者提供的可选择的商品并不多。

沃顿首先提出了以低价换销量的全新理念，这一理念的灵感源自女士内衣。他发现，当他以低于沿街竞争对手的价格给女士内衣打折时，该类产品的销量就要高得多。沃顿如此阐述他的新理念：

> 举个例子。有件商品的进货价是80美分，假如我给它定的售价是1美元，那它的销量将比定价1.2美元时高3倍多。也许单件商品的利润下降了一半，但由于销量多了

3 倍，整体利润其实要高得多。这个道理很简单，却是折扣的精髓所在。我和我的竞争对手都领悟到了这个道理，并最终改变了整个美国的消费者和零售商买卖商品的方式。[16]

如今看来，这个理念早已成为常识。1962 年，第一家沃尔玛超市在阿肯色州罗杰斯市开业，而"以价换量"正是这家超市的基本经营方针。沃顿不是唯一秉持该理念之人。同年，包括伍尔科（Woolco）、凯马特（Kmart）和塔吉特（Target）在内的其他几家大型连锁超市相继开业。这些折扣店有伍尔沃斯公司（F.W. Woolworth）、克瑞斯吉公司（S.S. Kresge）、戴顿 - 哈德森公司（Dayton-Hudson）等连锁巨头作为后台，资金充裕，经验丰富，是沃尔玛的死对头。然而，沃尔玛最终击败了一众竞争对手，坐上了零售行业的头把交椅。

那么，跟其他为了生存而苦苦挣扎的零售企业相比，沃尔玛获得成功的秘诀是什么呢？

用沃顿的话说，沃尔玛的成功有着必然性："我们不得不在实践中积累经验，因为公司创立时缺乏资金；再者，沃尔玛的店铺位于偏远的小社区，这对公司的成长极为有利。"[17] 的确，低效的农村零售商店让沃尔玛得以迅速超越它的竞争对手，建立一种全新的业务模式。

沃尔玛的爆发式增长是一个典型的美国式创业故事。沃顿在罗杰斯市开了第一家沃尔玛超市。8 年后，32 家沃尔玛超市相继开业，年销售总额达到 3100 万美元。沃顿制定的战略就是要全面渗透农村市场："每家分店与配送中心的距离绝不能超过一天车程，这样我们就可以在距离仓库尽量远的地方开店，覆盖整片区域，然后再一个州接一个州、一个镇接一个镇地布局，直至完全占领农村市场。"[18]

沃顿热衷于开飞机，他买了一架双座涡轮螺旋桨飞机，便于在各个分店来回视察，"当我们大量开设分店时，这架飞机成了物色地块的绝佳工具……从空中我们可以查看车流量，看看城市和乡镇朝哪个方向发展；如果当地有竞争对手的店铺，我们还要评估它的选址是否合理。然后，我们再针对当地市场制定选址策略"[19]。

沃顿很早便将电脑引入超市管理中，这也是沃尔玛在竞争中一骑绝尘的重要因素。1966 年，沃顿参加了 IBM 专门为零售商举办的培训班。他发现电脑不仅可以记录销售信息，还可以管理库存和物流，潜力巨大。于是，他从同班同学中聘请了一位电脑高手，帮助他建立电脑化仓库和配送系统。"在货物配送和通信方面，我们一定要走在时代前面，"沃顿后来写道，"因为我们的店面都位于小城镇，必须保持良好的沟通和及时的货物供应。"[20]

到了 1980 年，沃尔玛的分店数量已经达到 276 家，营业额达 12 亿美元。它的配送中心犹如轮毂，配送中心到分店的路线犹如轮辐，而电脑系统则将这两者无缝连接了起来，使沃尔玛的业务得以遍布美国农村。沃尔玛超市积极扩张，最终打败了边远地区效率低下的杂货店。"它们太习惯于赚取 45% 的利润，从来不舍得降价，"沃顿后来解释道，"假如女士衬衫的售价一直是 8 美元，它们很难把价格降到 5 美元，只赚 30 个点。依靠低成本、低支出和低售价优势，我们终结了杂货店时代，不给杂货店任何翻身的机会。"[21]

沃尔玛持续着爆发式增长，似乎没什么能阻止它前进的步伐。

进入 20 世纪 90 年代后，沃尔玛已经成为美国最大的零售商。到了 1992 年，它的员工人数达到 37.1 万人。90 年代初，沃尔玛开始全球扩张；至 1995 年夏，全球分店数量已达 2500 家。[22] 沃尔玛成功的商业模式启发了一些仓储式零售商和大型品类专业店，类似于玩具反斗城（Toys "R" Us）、电路城（Circuit City）和巴诺书店（Barnes & Noble）这样的零售连锁店如雨后春笋般出现，它们一点点地蚕食掉小型零售商的地盘，并夺走了它们的客户，当然也引发了不少争议。它们以折扣促销的方式压低了产品售价，挤压了当地零售商的利润，使后者在规模和效率上无法与之匹敌。

到了 1995 年，美国零售业的效率似乎已经达到顶峰。消费者随时都能以合理的价格买到他们想要的商品。想喝可口可乐？只要走进当地的 7-Eleven 便利店，向自动售货机投入硬币即可。想买一件新裙子？到附近的大型购物中心就能买到，在那里不仅可以享受冷气，还可以逛各式各样的百货商店和专业零售店。想购买食品和杂货？当地超市有你想要的一切商品。想买书？去巴诺书店吧！

实际上，1995 年美国零售市场的效率和便捷程度已经超出人们的想象。产品唾手可得，价格也很合理。

美国零售业从独立的杂货店和夫妻店，演变成光彩夺目、霓虹闪烁、冷气开放的全国性连锁店。支付方式也变得多样化，消费者既可以使用信用卡、借记卡，也可以使用个人银行支票。运输变得更便捷可靠，费用也更加低廉。

对产品质量没把握？顾客只要看看《消费者报告》（Consumer Reports），心里便有数了。想了解零售商的诚信度？可以给商业改进局（Better Business Bureau）打个电话，了解哪家公司被人投诉过。对零售业来说，似乎已经没有新领域可言了。

当然，事实恰好相反——这是众所周知的事情。1995年是一个新时代的开始，网景公司（Netscape）的上市触发了互联网革命，零售业成为万众瞩目的焦点。但是，当互联网时代到来时，它是以一个高效成熟的实体零售系统为基础的，而该系统已经采用了电脑和数据分析手段。天时地利完美结合，纽约的一名年轻财务分析师开始了他的创新之路……

亚马逊的发展历程

山姆·沃顿倡导折扣零售业务模式，执零售业之牛耳50年有余。他为人淳朴热情，善于表现，并且对美国农村零售市场有着深刻理解，无愧于"零售业之王"的称号。然而，互联网的出现迎来了一个以数据作为驱动力的全新时代，这个时代需要一系列不同寻常的技能。杰夫·贝索斯这位来自华尔街的股市分析师将从山姆·沃顿手里接过革新的大旗，把零售业带入电子商务时代。

互联网刚开始兴起时，贝索斯在纽约一家金融企业工作，他坚信量化分析方法有着巨大的用途。也正是这个时候，贝索斯产生了创立亚马逊的想法。他想开一个"万货商店"（Everything Store），在对市场进行分析后，贝索斯认为图书是商店的最佳产品种类。于是，他前往实施税收优惠政策的华盛顿州西雅图市，在自家车库里创立了亚马逊公司。

贝索斯与沃顿的性格迥然不同，进入零售业的方式也不一样，但他从山姆·沃顿和沃尔玛那里汲取了不少灵感。沃尔玛是一家效率极高的数据驱动型企业，借助技术不断降低成本。但是，贝索斯并不需要开 2500 家分店来卖产品，他绕过实体店，通过网站从自家车库将产品直接卖给顾客。这种销售模式的效率比沃尔玛更高一点，而正是这高出的一点点效率，发挥了至关重要的作用。

亚马逊借鉴了沃尔玛创建的系统和流程。贝索斯从沃尔玛挖来一些物流岗位的核心管理人员，借助沃尔玛的专业知识建立了在线物流模式。高效管理库存的基础科技已经成熟，亚马逊只需对其进行简单升级即可。

贝索斯还从电子商务的其他成熟环节中受益匪浅。顾客可以轻而易举地用信用卡购物付款，虽然美国邮政局（US Postal Service）常常被人当作笑柄，但对于电商而言，它还是相当值得信赖的，因为邮购目录行业已经把邮政训练得很高效了。假如美国邮政局投递速度太慢、太过官僚主义的话，消费者可以选择其他可靠的快递服务，这些快递公司一天之内就可以把产品寄送到消费者手里。最重要的是，亚马逊的系统很容易追踪产品的寄送进度。

贝索斯还受益于当时全世界最好的互联网基础设施。美国民众很快就接受了互联网，而就上传产品图片来说，拨号上网速度已经够快了。

21 世纪初，贝索斯已经紧紧握住了从蒙哥马利·沃德传给山姆·沃顿的接力棒。亚马逊以仓储为导向的经营模式大获成功。2000 年 12 月，贝索斯以"年度风云人物"（Person of the Year）的身份登上《时代》（*Times*）周刊封面。亚马逊正在成为互联网零售业的霸主。但是，亚马逊的业务重点是新产品，对于二手产品和收藏品，还没有出现像亚马逊这样的互联网企业，这给了当时另一家电商巨头崛起的机会。

eBay：二手物品交易网站

贝索斯率先推出以仓储为导向的经营模式，但他并不是这股电商大潮里的唯一弄潮儿。在旧金山湾区（Bay Area），一位名叫皮埃尔·奥米迪亚（Pierre Omidyar）的软件程序员正在尝试开发一个网站，并给它起名为"拍卖网"（Auction Web）。然后，他把一支旧的激光笔放在网上拍卖，结果这支笔被加拿大的一名电子设备爱好者买下了。奥米迪亚顿时意识到，互联网是人们买卖二手产品和收藏品的绝佳渠道。他的网上二手市场迅速聚集了人气，人们在网站上交易各种奇特的产品和收藏品。不到一年，拍卖网的销售额就达到 720 万美元。一年后，在豆豆娃布偶（Beanie Baby）风潮的助力下，拍卖网销售额达到了 9500 万美元。[23]

1997 年，随着网站人气不断飙升，奥米迪亚将拍卖网改名为eBay。一年后，他聘请了经验丰富、拥有工商管理硕士学位的梅格·惠特曼（Meg Whitman）担任公司首席执行官。6 个月后，惠特曼带领eBay 在纳斯达克（Nasdaq）成功上市。然后，她用上市募集到的资金积极拓展国际市场，将 eBay 的网上拍卖模式带到欧洲市场，结果大获成功。eBay 的商业模式之所以奏效，是因为它让买卖双方的需求得到了满足。eBay 模式证明，即使买方和卖方是天各一方的陌生人，也可以彼此信任，也可以在网上达成交易。eBay 体现出电商相信"人性本善"的特点，而它的成功就证实了这一点。

到了 1999 年，eBay 加入亚马逊的行列，成为电商媒体的宠儿。惠特曼与贝索斯同时登上《商务周刊》（*Business Week*）的封面，并被冠以"eBay 大战亚马逊"的标题。[24]亚马逊逐渐成为新产品的主要销售平台，eBay 则成为二手商品、收藏品和孤品的主要销售平台。唯一的遗留问题就是：这两家公司之中，谁将最终成为全球电商的王者？

美国独立零售商

当 eBay 和亚马逊这两条"巨鲸"抓住绝大多数人的想象力并引起媒体注意的时候，许多"大鱼"也在同一片电商的"海洋"中遨游。传统零售商和自主品牌商开始创建它们自己的网店。与纯粹的互联网零售商相比，这些零售商的行动步伐要慢得多，但它们依旧是美国电商的主力军。它们之所以选择自主经营网站，而非利用亚马逊这样的平台销售产品，是因为这样做有几大好处：首先，拥有自己的网站之后，它们就能控制品牌推广、售后服务和整体客户体验等环节；其次，它们可以通过线下营销宣传，引导现有客户使用它们的自主网站；第三，多年以来，很多零售商都是通过寄目录和电话下单的方式销售产品，它们知道如何利用美国发达的运输和配送系统远程完成订单。

但是，美国的独立零售商得以大力推进电子商务，还要归功于另一个因素：信任度极高的社会环境。在工业化国家，"信任"是绝大多数民众习以为常的事物。没错，信任是电子商务的基本要求，而信任的组成元素之一则是商家与顾客之间的互信。由于美国的品牌商和零售商与消费者已经相知多年，他们发现，这种信任关系很容易从线下转移到线上。例如：杰·克鲁（J.Crew）品牌一直在线下实行退换货政策，消费者知道，它上线后将同样实行该政策。

信任的第二个组成元素则更为抽象一些，那就是民众对于机构的信任，相信它们会保护消费者免受欺诈，或在买卖双方发生争端时保护消费者的利益。消费者知道，信贷机构、媒体和类似于商业改进局这样的非营利组织对卖方负有监督责任；他们还知道，倘若争端无法解决，他们可以向法院寻求保护。绝大多数网上购物者认为，但凡与美国商家打交道，他们都能够得到合理保护，商家会尊重消费者并履行网上订单。

在上述因素的共同作用下，数千家与 eBay 和亚马逊共存的互联网零售商应运而生。零售商只要创建自己的线上店铺，利用好现有的物流和支付基础设施，便可在互联网上投入运营。这些零售商构成了电商市场的主体。想提高网店流量，它们只需向现有顾客推广网址链接，或者在其他网站上做旗帜广告。后来，谷歌率先推出了搜索引擎广告，帮助零售商以更低廉的成本提升网站流量。

旧时代的终结与新时代的诞生

2000 年 12 月，也就是杰夫·贝索斯被《时代》周刊评为"年度风云人物"仅仅一年后，经营了 128 年的蒙哥马利·沃德百货公司宣布关门大吉。它关闭了 250 家门店，遣散了 28000 名员工。公司公告称，受日渐强大的电商影响，公司在过去这个"黄金周"的销售表现令人失望。沃德百货公司的突然倒闭发人深省，今天的搅局者明天就可能成为轰然倒下的巨人。

1985 年，蒙哥马利·沃德公司放弃了目录销售模式，而第一个互联网域名正是在同年注册的。[25] 假如艾伦·蒙哥马利·沃德的零售革命发生在互联网时代，不难想象是何种情形。他会把总部设在芝加哥，一路向西扩张，穿越美国西部的广阔麦田，横跨太平洋，最终进入中国市场腹地。

SIX BILLION

SHOPPERS

第二章

中国电商的崛起

> 互联网企业在中国电商市场所占份额将
> 决定该企业是否能取得成功。
>
> ——梅格·惠特曼，2005 年

早在 2000 年，当时的 eBay 和亚马逊仍是商业媒体的焦点，人们很难想象中国不久将取代美国，成为全球电子商务的领导者。

然而，到了 2016 年，中国的线上交易量已经超过了美国，全年网购人数达到 4.5 亿人，交易金额达 7500 亿美元[1]；而中国电商市场虽然已经非常巨大，但接下来几年的增长势头依旧强劲。阿里巴巴所领导的电商革命全面开花结果，无数渴望成功的电商创业者追随阿里巴巴的脚步，创建了西方国家未曾出现过的全新商业模式。这股势头似乎有增无减，不信的话，请看看以下这组由电子营销家网站（eMarketer）提供的中国零售市场 2020 年预测数据[2]：

·中国网购交易额将达到 2.5 万亿美元，是美国市场的 3.5 倍；

·中国网购人数将达 5.75 亿人，占全世界线上交易人数的 60%；

·这 5.75 亿人只占中国总人口的一半不到，也就是说，中国网购人数仍有巨大的上升空间；

·中国的线上销售额将增长 24%，增长速度冠绝全球。

　　这一切是如何发生的，它对于全球商业又意味着什么？中国发生了哪些变革，从而使它走上了一条与西方截然不同的电商发展之路？在这些惊人的数字背后，有一系列历史、经济、社会、文化和政治因素。为了深入了解中国电商发展的背景，我们得暂时告别中国现代化大都市那些华丽的摩天大楼，走进中国的广大乡村和稻田。

农村：中国文化的核心

　　为了重走红军长征路，我独自骑着一辆自行车，沿着贵州省腹地深山里的一条小路蜿蜒前行。这条路通向一座小村庄，沙砾与车胎摩擦着，发出嘎吱嘎吱的声音。那是 2002 年，中国互联网最为萧条的年份。我与马云做了个约定：我先给自己放一年假，等到哪天他又需要我这个外籍员工帮忙了，我再回到阿里巴巴。利用这段假期，我重新走访了自己最喜欢去的地方——中国内地农村。

　　此前我去过三次贵州，那里是中国经济最不发达的省份之一。对于中国的大城市居民来说，贵州并不是一个受欢迎的度假胜地，但我还是经常去，因为那里的田园风光和传统生活深深吸引着我，让我能够了解中国文化的起源。即使时间来到了 2002 年，贵州山区居民仍保留了传统的生活方式。农民们戴着尖尖的草帽，赶着水牛在梯田上耕种稻谷。

　　村民之间的协作无处不在。为了灌溉农田，土地相邻的家庭会合作控制水的流向，让水从一片稻田流到下一片稻田，确保相邻土地的稻谷获得生长和繁殖所需的充足水分。美国西部的小麦种植讲求单打独斗，而中国人耕种稻田的方式则截然相反。无论是厘清灌溉路线，还是解决各家各户之间的争端，以确保社会和谐，都需要整个村落的协调和配合。

村落通常由紧密聚集在一起的木屋组成。这些屋子坐落在山脚下，彼此之间隔着狭窄蜿蜒的小路。村落赋予了人们强烈的集体感，但私密性较差，村民们很难分得清自家的土地与邻居的土地是如何划分的。白天，村民们一起干农活，谁家的机器坏了，乡亲们就帮着搭把手；到了晚上，大家一起喝米酒，庆祝节日。当然了，如果有人没做好自己在这个大集体内的本职工作，就难免会被别人在背后说三道四。

清晨，伴随着猪被屠宰时发出的哀嚎声，赶集日开始了。猪的哀嚎声实在刺耳，起初我还以为那是飞机降落的声音。村民们把货物装到篮子里，再将篮子绑在竹竿的一端，然后扛着竹竿，沿山腰慢慢走下山，篮子随着他们的步伐有节奏地上下晃动。

集市在各个村落间轮转，每个村落选择一周中的某一天作为赶集日。赶集这天，村民们一大早就在路边选个好位置，摆放好篮子和秤。卖禽畜的村民聚在市场的一端，买家来挑选和称量活鸡、活鸭、活鱼、活蛇，甚至是活狗；市场的另一端则专门售卖农产品和谷物，包括小白菜、蘑菇、辣椒和卷心菜等，买卖双方频频讨价还价。买家往往只到他们光顾了多年的卖家那里买菜，价格根据双方关系而定。

我在村里的日子过得很惬意，村民们殷勤好客，热情得几乎让我窒息。但是，每当我要离开一个村庄，村民们总是提醒我当心下一个要去的地方："你在我们村里很安全，可如果你要去隔壁村，那就得当心了。那里有几个不三不四的人。"我把挂包搭在车座后面，骑着自行车来到隔壁村，结果发现那里的村民也是无比热情。当我要离开那个村子时，他们又对我提出了同样的警告。从这件事上我明白了一个道理：在中国，任何一个社交圈内部都保持着紧密关系，但它具有排外性，来自外部团体的陌生人是无法得到该社交圈的信任的。

水稻种植是否让中国的社交电商具有社会化特征呢？

有个问题在我心中萦绕多年：为什么中国商业比美国商业更具有社会化特征呢？走访过中国农村之后，我终于找到了答案（虽然当时并不自知）。答案来自一份 2014 年关于水稻种植对于文化的影响的研究报告，这倒是让我始料未及。

跨文化心理学家经过多年研究，发现西方人的世界观往往更崇尚个人主义，而东亚人更加相互依赖和倾向于集体主义。尽管观察了很长一段时间，但心理学家还是无法对这两者之间的差异给出令人信服的解释。2014 年以前，现代化理论成为解释这种现象的最普遍的说法，即国家的现代化程度越高，民众的个人主义倾向就越明显。然而，在韩国和日本等富裕的现代化国家，民众依旧普遍保持着强烈的集体主义思想，这是现代化理论无法解释的。

但是，一篇刊登在 2014 年《科学》（Science）杂志上的研究报告提出了一种非常具有说服力的假设：水稻种植比现代化更能让人产生集体主义思维。在报告中，研究者提出了"水稻文化理论"，即稻田需要积水，因此，水稻产区的农民必须紧密合作，才能建造出复杂的灌溉系统。小麦种植只需要天上下雨即可，不太注重邻里合作。而且，"水稻种植让团结协作变得更加重要，从而鼓励农民紧密合作，形成互助互惠关系，并尽量不做出会引发矛盾的行为"[3]。

研究人员请研究对象用圆圈画出他们的社交网络图，用圆圈代表自己与其他人的关系。对圆圈大小进行测量后，研究人员发现：与东亚人相比，西方人把那个代表着自己的圆圈画得较大，其中美国人的圆圈一般比自己社交网络中的其他人大6毫米，欧洲人的圆圈比个人社交网络中的其他人大3.5毫米。相比之下，日本人所画的代表自己的圆圈比自己社交网络中的其他人小。

研究人员还发现，中国的水稻种植区域和小麦种植区域之间也存在着文化差异。在种植小麦的华北地区，研究对象的世界观带有较强的个人主义色彩，而在种植水稻的华南地区，研究对象的集体主义观念则更明显。该差异在城市居民中一直存在着，千百年来，他们从祖先那里沿袭了自身的文化特质。这一重大发现表明，这种紧密的社交网络趋势在现代化社会中依旧存在着。

水稻种植理论是否能解释中西文化之间存在的巨大差异呢？在我看来，这种理论有老生常谈的嫌疑。我在中国工作生活了15年，发现中国人的集体关系比美国人要紧密得多。阿里巴巴就是很好的例子。与硅谷的科技公司员工相比，我在阿里巴巴的中国同事更喜欢也更愿意参加集体活动。每逢公司搞庆祝活动，阿里巴巴的员工在活动结束时会一起手牵手唱歌；年会上，我的同事和他们带领的团队会盛装打扮，欢呼喝彩。阿里巴巴每年还为员工和他们的配偶举行集体婚礼，由马云带领新婚夫妇们交换誓词。在美国，硅谷的高科技企业因其类邪教色彩而饱受批评，但你很难看到硅谷初创企业的员工会在公司大型活动上手牵手高唱关于彩虹的歌曲，而这种现象在阿里巴巴和中国其他科技企业并不罕见。

中国的团队比西方国家的团队有着更强烈的集体认知感，即便某些高科技企业，也是如此。美国高科技企业的创始人似乎总是成对出现的，比如史蒂夫·乔布斯（Steve Jobs）和史蒂夫·沃兹尼亚克（Steve Wozniak）、比尔·盖茨（Bill Gates）和史蒂夫·巴尔默（Steve Ballmer）、谢尔盖·布林（Sergey Brin）和拉里·佩奇（Larry Page）等。但在中国，公司创始人却是以集体形式出现的，比如阿里巴巴有18位联合创始人，百度有"七剑客"，携程有"四君子"，即便到了今天，阿里巴巴的企业控制权也是掌握在集团27名合伙人手里。在西方国家，这种企业架构一直备受争议，因为它从普通投资者手里夺走了企业控制权，将其交给了一个庞大的委员会，从而招致人们的批评。但是，考虑到中国人强烈的集体意识，该治理结构也有其存在的合理性。

为什么我要用这么长的篇幅探讨中国文化的根源？因为许多西方企业不了解文化在中国电商产业中扮演的角色，导致数十亿美元投资打了水漂。在接下来的内容里，我将向大家阐述以下问题：（1）集体主义倾向是如何影响互联网贸易活动的？（2）中国电商是如何建立信任的？（3）与西方消费者相比，中国的消费者为什么更愿意评价和推荐产品？（4）为什么全新的电商模式能够借助线上社区颠覆传统的产品研发周期，为品牌商开发出可以满足购物者需求的产品？

但在介绍具有革命意义的新模式之前，请允许我先回顾一下中国电子商务的演变历程。

大倒退：计划经济时代的中国零售业

20 世纪 30 年代，南京路是中国最有名的商业街。它从上海外滩延伸至跑马场，横跨上海的公共租界，全长 1.5 英里。来自中国各地的游客走在南京路宽阔的林荫大道上，熙熙攘攘的大街上挤满了有轨电车、双层巴士、汽车、黄包车和行人。街道旁矗立着风格各异的独特建筑、装饰派艺术建筑，以及带有精致木雕的中式骑楼。逛南京路必须逛大新百货公司，它是全国最大的百货公司，那里有在中国其他地方买不到的各类商品，包括古巴雪茄、瑞士手表、德国钢笔等。为了让自己的城市观光之旅不留下遗憾，来到大新百货公司的购物者还要排队乘坐中国第一台，也是当时全国唯一一台电梯。[4]

1949 年 5 月，解放军解放上海，以整齐划一的步伐走过南京路。5 个月后，毛泽东在北京天安门城楼上，宣告中华人民共和国成立。不久以后，中国的私营企业被国营化，成为"全民企业"，中国零售业进入冰河时期。

在计划经济时代，中国的零售商和批发商被打造成分等级的国营实体，其功能也从营利性企业转变成仅用于储藏物资的机构，专门负责产品的流通工作，将产品从国营工厂运送到中央配送中心，然后再转运至本地批发商那里，最终送到本地零售商和消费者手里。国家制定产品价格，并向市民分发商品配给券，用于购买粮食、燃料。定量配给制是为了确保集体中的所有人都能获得公平的份额。政府别出心裁地将大新百货公司更名为"上海市第一百货商店"（No.1 Shanghai Department Store），而它以前的竞争对手则分别被更名为"第二百货公司""第三百货公司"和"第四百货公司"（现如今，公司的命名可没这么简单了）。接下来的 30 年里，沃尔玛和其他连锁零售企业忙着合纵连横，美国的零售业已经步入了现代化阶段；相比之下，中国的经济和零售系统依旧故步自封。

改革开放：中国消费者重获生机

计划经济没有给民众带来富足的生活。将近 30 年后，中国开始推行改革开放政策，中国经济逐渐走出冰河时期，回归市场经济模式。买卖双方又可以讨价还价了，商家也不再被强制性地通过国营批发渠道销售产品。然而，与中国经济的飞速开放相比，其零售业的改革却特别慢，因为中国政府对于私有产权很敏感，它想保持生活必需品价格和供应的稳定性。

因此，即使中国已经实施了改革开放，它的零售业也依旧处于停滞和蛰伏状态，接受新技术的速度较慢。1994 年，我以留学生的身份来到北京，为了买到进口商品，我得坐 45 分钟出租车，前往城市另一头的国营友谊商店。购物者与商品之间隔着长长的柜台，想获取货架上的商品，首先得叫醒睡眼蒙眬的售货员，他们把你要买的商品写在一张薄纸上，让你拿给收银员，付款后，收银员在那张纸上盖个章，然后你返回柜台，把盖了章的收据交给售货员，才能得到你想要的商品。那时候的中国人还不太有自助购物的概念，甚至不知购物车为何物。想购买另一品类的商品？那就在友谊商店里专门出售该商品的柜台前重复一遍上述流程。还想再买第三种商品，那就再重复一次。当我拿到自己想要的品客薯片和电动剃须刀时，顿时产生了一种申请到新国籍的感觉。

随着国际零售管理模式、专业知识和科技不断被引入中国，中国的零售渠道一夜之间效率倍增，消费者得以享受更实惠的价格。但是，当时的中国领导人并不欢迎跨国零售商进入国内市场，他们决定稳扎稳打，逐步开放零售业。从 1978 年到 1991 年这十几年间，海外资本不得投资中国的零售和批发行业；从 1992 年开始，该禁令逐渐放宽，但绝大部分外资只能在经济特区进行投资。即便到了那个时候，政府依旧规定中方合伙人必须拥有零售企业至少 51% 的股权，而且进口商品不得占在售商品数量的 30% 以上。接下来的几年，地方政府和国家对于零售业的政策往往不太明朗或存在分歧，国外资本只能游走于法规的灰色地带。在一些比较大的城市，区域性连锁品牌开始成长，但它们的运营只局限于当地，缺乏现代化的跨国零售技巧。

转折点出现在 2001 年。那一年，中国成功加入世界贸易组织（World Trade Organization），其零售市场必须全面开放。2004 年，中国解除了外商投资零售业的绝大多数限制，沃尔玛、法国百货公司家乐福（Carrefour）及其他国外零售巨头开始从它们位于大城市的大本营，向二线、三线和四线城市扩张。这原本是一场线下零售商之间的竞争，然而让人始料不及的是，当互联网从大洋彼岸来到中国时，剧情突然出现了反转。

中国早期电子商务：借鉴美国模式，开局不顺

"中国的亚马逊"

对于 1995 年的中国人来说，网景（Netscape）上市在美国掀起的科技热潮似乎太过遥远，除了少数外籍专家和学者用互联网与海外的同事朋友保持联络之外，互联网在中国的接受程度很低。1999年，这股互联网热潮达到顶点，美国投资者开始将目光投向海外市场，中国市场便突然进入了他们的视野，尽管当时使用互联网的中国人还不到 1000 万人。

1999 年，带有雅虎（Yahoo!）风格的门户网站中华网（China.com）在纳斯达克成功上市，这正是中国互联网行业高速发展所需的催化剂。很快，风险投资人便搭上了前往中国的航班，寻找下一家有发展潜力的互联网公司。他们发现了类似于亚马逊的 B2C（企业对消费者）公司和类似于 eBay 这样采用拍卖模式的 C2C（消费者对消费者）互联网企业，并且认为这些商业模式很快就会成为电子商务的主流。美国投资人迫切地想让中国投资人了解美国互联网成功的故事，在他们看来，中国的许多电商企业正在重走亚马逊和

eBay 的发展道路。

　　亚马逊的 B2C 模式最受中国电商推崇和效仿，该模式的核心在于建立大型仓储中心，储存各品类商品，依托互联网进行销售。在中国，复制亚马逊模式最显著和最突出的案例便是由曾经从事过软件零售的王峻涛所创立的 8848 网。1999 年 3 月，王峻涛给自己创立的网站取名为 8848，很快，王峻涛就被称作"中国电商之父"，成为全国各地商业杂志的封面人物。

　　其他模仿亚马逊的电商企业也追随王峻涛的脚步进入 B2C 领域。2009 年 11 月，李国庆和俞渝（Peggy Yu）夫妇创立当当网（Dangdang.com），像亚马逊那样进入了在线图书销售市场。俞渝毕业于纽约大学，获得 MBA 学位，曾供职于华尔街，并目睹了亚马逊的崛起。她的丈夫李国庆在中国经营着一家图书出版公司，拥有图书出版行业的专业知识，从而成为她的创业伙伴。他们一起创立了中国最大的线上书店。当当网成立后不久，在软件制造商金山软件公司（Kingsoft）的资助下，另一家线上书店卓越网（Joyo.com）也挂牌成立。

　　这些有"中国亚马逊"之称的 B2C 企业受到了媒体的大量关注，而且具备了互联网企业的一些基本要素，比如员工穿着旱冰鞋在仓库周围到处走动[①]，但它们既没有获得良好的发展，也没有赚到钱。它们很快就意识到，中国的网购人口太少，不足以驱动产品销量的增长，导致投入重资产的业务模式缺乏发展动力。尽管中国网民数

---

① 　"赛格威"（Segway）电动平衡车直到 2001 年才面世。——作者注

量有所增长，但整体商业基础过于低效，无法让这些企业获得充足的利润。亚马逊在美国市场之所以能取得成功，是因为它的业务以高效的基础设施为依托，让公司能够对库存、航运、物流和支付进行有效管理；但在中国，这一切都要从零开始，这导致成本过高，无任何利润可言。中国的信用卡使用率低得几乎可以忽略不计，企业只能采用货到付款的方式，这种支付方式的成本较高。中国的物流成本也很高，因为物流企业非常分散，各自为政，从不相互交流，产品从仓库到消费者手里的成本高，时间长。与退货相关的逆向物流问题则更加复杂。中国从未出现过邮购目录行业，商品的交付历来都是单向的，退货可不是件容易的事情；更糟糕的是，当时的中国还不具备相关技术，让企业和消费者在订单履行过程中追踪产品的投递情况。

不断上升的成本使亚马逊的 B2C 模式在中国难以实行。被冠以"中国电商之父"头衔两年后，王峻涛便被迫离开了 8848 网。他与董事会之间的分歧和争端最终导致双方分道扬镳。不久，8848 网宣告停业。[5]

接下来的几年里，互联网行业泡沫破裂，另外两家仿效亚马逊模式的企业当当网和卓越网步履维艰地熬了下来，中国网购人口的数量越来越多，但是，它们并没有成为中国电商市场举足轻重的力量。2004 年，亚马逊以 7500 万美元的价格收购了卓越网，这笔交易并没有给卓越网的投资人带来太多收益，因为在交易之前，他们已经为这家公司投资了 5200 万美元。当当网的境况要好一些，它于 2010 年在纽约证券交易所成功上市。当当网无疑是一家成功的企业，但是多年以来，它所占的中国电商市场份额一直徘徊在 1% 左右，没有达到投资人预期的水平，当然也没有达到亚马逊在美国市场的影响力。[6]

"中国的 eBay"

亚马逊以仓储为导向的经营模式无法推动中国电商向前发展，eBay 的集市模式却更适合中国国情。1998 年 eBay 上市后，中国好几家互联网企业开始仿效 eBay 模式，想将 eBay 的成功复制到中国市场，其中的佼佼者便是由邵亦波于 1999 年创立的易趣网（EachNet）。邵亦波是一位数学奇才，也是首批获得哈佛大学全额奖学金的中国大陆学生之一。毕业后，他在波士顿咨询公司（Boston Consulting Group）工作了两年，然后回到哈佛商学院攻读 MBA 学位。硕士毕业后，邵亦波返回中国，投身于互联网淘金热潮。他募集到 700 万美元的天使资金和风险投资，不久便创立了易趣网。[7]

邵亦波很快就意识到，要在中国成功推行拍卖模式，他将面临很多罕见的障碍，其中最大的障碍就是素未谋面的买卖双方之间缺乏信任感。来自美国的 eBay 信奉人们在电商交易中"基本上是怀有善意的"；然而，邵亦波发现这一信条不一定适用于中国市场。他叹息道："在美国，如果你出价了，那就是相当于签订了合同。根据法律，如果你赢得了拍卖，就得完成交易。如果不遵守合同，就要面临被起诉的风险，这一点是非常明确的。而在中国，大家才不管这些呢。"他是这样描述易趣网用户对待拍卖的态度的："我出了个价，但我又不想要这件物品了，爱谁谁吧！"[8]

为了解决信任问题，易趣网将拍卖会设在上海，并在买卖双方可以当面交易的地方设立了交易站。顾客可以在交易站检验物品，满意后再付款。但是，到了 2001 年，邵亦波发现交易站的维护成本太高，无法在全国进行推广，于是他关闭了这些交易站。

显然，eBay 的拍卖模式也不适用于中国市场。一方面，eBay 模式之所以能在美国取得成功，是因为它为独一无二的商品提供了一个交易平台。无论是收藏品［比如市场上很少见的佩兹（Pez）糖果盒］还是二手物品（比如轻微褪色的东方地毯），确定其市场价格的唯一方式就是把它放到网上，让人们竞价购买。美国以前流行庭院拍卖会，就是将家里的二手物品放在房子门前的草地上，吸引附近邻居前来竞拍。eBay 与此不同，它的拍卖会是全国性的，买家更容易发现他们想要的物品。在拍卖模式下，起始价会很低，价格将随着人们的出价而逐渐升高，直至达到市场价格。

另一方面，中国人家里一般没有可以经年累月存放消费品的地下室或车库。他们的个人财产相对较少，也不喜欢买二手物品。收藏品就更别提了，除了一些古玩之外，人们手里的收藏品就只有"红宝书"（*Little Red Book*）①。

事实证明，与竞拍二手物品和收藏品的交易平台相比，出售标准化新产品的平台更容易取得成功，因此，易趣网收购了一家经销商，专门经营它最热销的品类——手机，并开始更加注重手机及其配件的销售。

---

① 即《毛主席语录》。——译者注

　　但是，由于中国的商业基础设施与美国存在巨大差距，易趣网依旧面临着不少挑战，尤其是支付和物流方面的难题。为了解决支付难题，易趣网鼓励用户申请国家 1999 年才允许使用的信用卡，但用户并没有积极响应。结算风险是一个"鸡生蛋还是蛋生鸡"的问题，商家在收到钱之前不愿意发货，而买家在收到货之前不愿意付款，所以信用卡的使用并不能解决问题。于是，易趣网开始推出第三方担保服务，即由易趣网代为保管消费者所付款项，待他们确认产品已经圆满交付以后再将钱款转付商家，易趣网从每笔交易金额中提成 3% 作为佣金。然而，这项服务并没有付诸实施。易趣网将其搁置不用，转而开发一种类似于 PayPal 的直接支付系统，这可是 eBay 在美国市场快速成长的关键驱动因素。

　　2002 年，易趣网的注册用户达到 300 万人左右，每月交易额达 200 万美元。对于中国市场来说，这已经是一个很可观的数字，但与美国电商市场巨头 eBay 相比，那就小巫见大巫了。不过，邵亦波的姐姐跟梅格·惠特曼是哈佛商学院的同学，惠特曼担任 eBay 首席执行官期间向易趣网投资了 3000 万美元，换取易趣网 33% 的股份。易趣网的前途顿时一片光明。当时 eBay 早已成为全球最有价值的互联网公司之一，华尔街对惠特曼和 eBay 商业模式的信心空前高涨，认为 eBay 给邵亦波投资的资金将会让他的企业发生质的飞跃。而作为回报，易趣网给 eBay 提供了一个动人的故事，让后者告诉华尔街的投资人：正当美国互联网企业在日本市场惨败于软银（Softbank）和雅虎之手时，eBay 却在中国市场开辟了一片天地。首次对易趣网进行投资的 15 个月后，eBay 又追加了 1.5 亿美元投资，开始全资控股易趣网。

2003 年，加州圣何塞市（San Jose），在 eBay 总部管理层眼里，易趣网必定前程似锦；而在华尔街投资人眼里，易趣网的前景更加光明。eBay 一直想主宰全球电商市场，只要是它看中的市场，霸主位置非它莫属，它从来没有失过手。事实证明，eBay 的市场布局已经形成强大的网络效应，挑战者根本无法战而胜之。但不久之后，eBay 便发现自己陷于一场苦战之中，而这次的竞争对手完全在它意料之外。

阿里巴巴进入 B2B 市场

如今，我的前任雇主马云的发迹史及阿里巴巴崛起的故事早已家喻户晓，但我们还是有必要回忆一下阿里巴巴是如何成为中国电商市场的领导者的，尤其要回顾阿里巴巴的商业模式是如何从 eBay、亚马逊和中国其他电商的模式中演变而来，却又呈现出别具一格的特征的。回顾阿里巴巴的故事有助于阐述中国电商的发展历程，并说明电商如何才能在那些与中国国情相类似的新兴市场发展起来。

马云 1964 年生于杭州，成年时正值中国改革开放。他对英语很感兴趣，喜欢跟到杭州观光旅游的外国游客交朋友。当时，中国开放旅游的城市屈指可数，杭州便是其中一个。马云带着外国游客观赏著名的西湖，并趁机练习英语。对英语的酷爱让他成了一名英语教师。他参加过三次高考，前两次高考都因数学成绩不佳而名落孙山，第三次他终于被一所师范学院录取。大学毕业后，他当了五年英语教师，并在 1994 年辞职创业，成立了海博（Hope）翻译社。

随着中国东部沿海产品出口量激增，海博翻译社的业务量也水涨船高，中小型出口企业都来找它将市场营销资料翻译成英文。久而久之，马云发现这些中小型企业面临的最大挑战就是为自己的产品寻找海外买家。传统的展会和制作产品目录等方式成本过高，产品目录印出来的那一刻，里面的内容就差不多过时了。

1994 年，马云去了趟美国，朋友向他介绍了互联网，他顿时产生一个想法：建一个可以将中国企业和海外客户联系起来的网站。回到中国后，他便创办了中国黄页（China Pages）。这是一家英文在线目录网站，专门提供中国企业的信息，如今仍被视为中国第一家互联网公司。随着公司不断发展壮大，当地一家受政府支持的电信公司注意到了中国黄页，该公司管理层说服马云组建合资公司。但是，马云很快就意识到自己和新的合作伙伴对互联网的未来有着不同看法，于是他离开中国黄页，受聘于北京的一个帮助中小企业使用互联网的政府部门。

去了北京不久，马云便发现，共事的政府官员只想用互联网控制中国的中小企业，而不是赋予它们自主权。他决定离开北京。1999 年，正当互联网热潮开始席卷中国时，他在自己位于杭州的公寓里聚集了 17 位朋友，创立了阿里巴巴网站（Alibaba.com）。他希望这个网站能够帮助全球企业发现新商机，共享电商财富。

就在易趣、当当、卓越和 8848 想方设法让消费者习惯网上购物的时候，阿里巴巴却只专注于搭建一个企业对企业的 B2B 电商交易平台。阿里巴巴并不是 B2B 领域唯一一家新创互联网公司，美商网（MeetChina.com）也是其中之一；而诸如环球资源（Global Sources）这样的传统目录企业也在向线上商业模式转变。

我于 2000 年加入阿里巴巴，那时候，包括我在内的绝大多数美国人并不熟悉中小企业进出口业务。我们常用的圆珠笔的金属弹簧产自哪里？我不知道。安装在我们家后院自动洒水系统上的那些塑料按钮是哪里生产的？我也不知道。我只知道它们就这样出现在市场上。然而，在中国东部沿海，成千上万家大大小小的工厂正热火朝天地生产着各种小部件、产品组件、纺织品和日常用品的通用件。

早在 2000 年，华尔街投资人和分析师就常说，B2B 市场最"可望而不可即"的东西就是创建一个端对端的交易平台，进口商只要点击一下鼠标，就能通过平台进行批发采购，这跟人们在亚马逊网站下单购买图书是一个道理。"想象一下，"他们说，"全球贸易额为 6.8 万亿美元，就算 B2B 市场只赚取 1% 的交易佣金，它的规模也将达到 100 个亚马逊的总和。"

可是，当阿里巴巴开始创建一个简单的端对端交易平台时，我们很快就意识到上述观点存在致命缺陷。没错，如果采购过程中真正的唯一变量是价格，且其他因素（比如交付货物和支付货款）大部分是常量的话，那么亚马逊的模式很管用；但是，产品批量进出口通常会涉及一些对企业而言更为重要的变量，包括产品采购数量、支付条款、运输条款、生产计划、品质管控等，而且企业要对这些变量进行谈判和协商。进出口订单动辄价值数十万美元，进口商和出口商都想把风险推给对方，争执往往在所难免。如果你要为一家酒店采购 1000 只香槟玻璃杯，价格也许是最重要的变量；可如果你要在这 1000 只玻璃杯表面印上"欢迎参加 2001 年美国网球公开赛"的字样，交货期也许就更为重要了。毕竟，假如出口商无法在公开赛举行之前按时交货，那这些玻璃杯就失去了价值。还有，如果玻璃杯在运输途中碎了，该由谁来承担这个风险？

我们很快就放弃了为企业创建端对端交易平台的想法，因为我们知道，阿里巴巴能够为客户提供的最大价值就是帮助中小企业寻找生意伙伴，而这正是马云为出口商提供翻译服务时观察到的商机。于是，我们创建了一个完全开放的市场，而不是将买卖双方强行绑定在一个端对端的交易平台上。阿里巴巴扮演着互动贸易展会的角色，我们向卖家提供一个"摊位"，然后给他们提供装修"摊位"所需的工具和展示产品的方式，剩下的工作就交给他们自己完成。阿里巴巴不赚取卖家的交易佣金，因为我们知道，他们会想方设法不交佣金；相反，我们每年只收取一次展位费，然后出售其他服务，比如收费的关键字列表、同品类产品的优先展示等，如果他们符合某些标准，还可以获得"金牌供应商"（Gold Supplier）认证。

相比之下，我们的竞争对手依旧顽固地推行封闭市场策略，想把进口商和出口商围在他们的圈地里，通过平台定期收取一定比例的销售佣金。具有创业精神和独立思想的客户自然不会买账。很快，我们的竞争对手要么破产，要么逐渐消亡。经过一段时间的努力之后，阿里巴巴终于在 2002 年实现了赢利，成为 B2B 领域为数不多的幸存下来的企业之一；更重要的是，阿里巴巴使人们更加相信公开市场模式是可行的。该模式赋予卖家可定制化的店铺，而不是将卖家控制在封闭的端对端平台里面。当我们后来与最强劲的竞争对手 eBay 开战时，阿里巴巴的这部分企业基因发挥了非常大的作用。

C2C：由人海战术构建而成的电商生态系统

2003 年，阿里巴巴进入消费电商市场，创立淘宝网。在很多人眼里，此举不够明智。有一次，马云向一群外部投资人阐述淘宝的发展规划，一名投资人在会议开到一半时站起来朝门外走去，还边走边说："马云，你们干不过 eBay 的。"即使在阿里巴巴公司内部，一些高管也不赞成与 eBay 直接竞争，毕竟阿里巴巴才刚刚"转危为安"。在此之前，中国暴发非典（SARS），阿里巴巴 400 名员工被隔离，公司在极其困难的情况下渡过了难关。而且，阿里巴巴的 B2B 业务刚刚实现赢利，规模正日益壮大。可是，正当公司前途一片明朗的时候，马云做出了一个"赌上公司命运"的决定：进入 C2C 电商市场，与 eBay 旗下的易趣网展开正面对抗。后来发生的事情证明，eBay 与淘宝之战是全球电商发展史的转折点，它标志着电商的重心从美国转移到了中国。

淘宝成立时，马云解释了他这样做的原因："当今世界，只有两家企业懂得如何创建和经营在线市场，一家是 eBay，另一家就是阿里巴巴。eBay 现在关注的是中国的消费市场，但他们迟早会抢夺我们的客户，即中小型企业。到了那个时候，我们的 B2B 业务就会受到威胁。"

从成立那天起，淘宝本质上就是 eBay 的克隆体。但在接下来的几个月里，淘宝不断进化，最终蜕变成一个更适合中国市场的全新物种。西方分析师常常认为，淘宝之所以能在中国市场击败 eBay，是因为有政府给它撑腰。但我认为，阿里巴巴满足了当地市场的特定需求，而不是单纯地仿效 eBay 和亚马逊的模式，这才是它取得成功的主要原因。

在美国市场，亚马逊采用的经营方式基本上是将"沃尔玛经济"搬到网上，依赖高销量、低成本模式，通过规模化和高科技节省成本，从而造就了一个零售业巨头。eBay 的经营方式则是将"庭院拍卖经济"搬到网上，创建了一个二手物品和收藏品市场。相比之下，淘宝是将"夫妻店经济"搬到网上，为小型零售商提供了新的开店卖产品的机会。这种模式更适合中国的零售业环境，因为当时的中国零售业与蒙哥马利·沃德创业时的美国零售业有着诸多相似之处，却与亚马逊或 eBay 崛起时的环境相去甚远。

为什么这种关注夫妻店和中小型企业的做法更适合中国市场？大型连锁零售企业太过注重开设传统的零售店，根本无暇经营电商；而大品牌则对电商毫无兴趣，因为电商在大品牌的整体销售中所占的比例太小，不值得品牌商投入大量成本去创建和运营网店。因此，想让电商获得质的飞跃，必须有一家像阿里巴巴这样的企业身先士卒，解决中国电商基础架构中所有效率低下的问题，为中国所有中小型企业谋福利。只有到了那个时候，大公司才会留意到电商市场。

在阿里巴巴，我们发现加入淘宝的小型零售店店主们与阿里巴巴的中小型企业客户有着共同之处——他们的初衷都是希望拥有一个可以寻找和吸引买家的网络店铺，不想让中间商限制他们的自由并攫取本就微薄的利润。如果他们能获得潜在网络买家的信息，就能够兜售自己的产品，与买家达成交易，并以创造性的方式履行订单；而他们在线下就是这么做的。

举个例子：一名购物者在网上发现了一件合她心意的毛衣，但她对衣服的材质存在疑问，比如洗过以后会不会缩水；她还想知道，假如她要多买两件送给朋友，卖家是否能打折。在淘宝的平台上，她可以用电话或即时信息与卖家进行沟通，协商交易条款，还可以直接前往卖家的网上精品店挑选产品。如果买卖双方在同一个城市，买家可以要求卖家派一名助手到买家所住的街区，让她触摸和感受一番衣服质地，然后她再做出最终决定。当然，这种做法效率很低，但对于一天只做几单生意的小卖家来说，这样做是值得的。最重要的是，这种做法与中国购物者已经习惯了的交易方式相似，所以很管用。

除了提供一个更适合中国用户的市场之外，淘宝还宣布买家和卖家可以在 5 年内免费使用其服务。eBay 公开嘲笑这项政策，称"免费不是一种商业模式"。然而，当时的中国企业仍对电商的潜力持半信半疑的态度，在这样的背景下，这项政策有助于增强卖家的信心，让他们知道开网店不用承担任何风险。马云总是说："只有我们的客户使用淘宝赚了钱之后，我们才会尝试着赚钱。"相比之下，eBay 向卖家收取产品陈列费和交易费，卖家对该平台只能望而却步。

eBay 犯下的最大错误就是将易趣网的平台迁移到 eBay 的全球技术平台当中，使易趣网产生了"去本土化"的效果，失去了中国用户喜爱的本土化外观、感觉和功能。易趣网推出新功能的速度也降低不少，因为它的任何决策都要经过美国圣何塞总部的批准。

马云在中国市场向 eBay 宣战几年后，淘宝所占的 C2C 市场份额从 7% 飙升至 83%。2006 年，eBay 关闭了它的中文版网站，正式退出中国市场。尽管 eBay 来中国之前和之后都取得了不少成就，但它最终失去了中国市场。如今，eBay 已成为 MBA 课程中劝诫外企不要贸然进入中国市场的经典案例。

淘宝经营模式在中国大获成功的原因

想知道电商是如何在中国发展壮大的，就得仔细研究淘宝与 eBay 之间的差异。只有这样，才能看清中国电商的现状，并深入了解电商如何才能在其他与中国市场有着相似特征的新兴市场进化和演变。

关注商家

亚马逊和 eBay 是关注产品的网站，购物者就是它们的客户。它们没有给予第三方卖家太多推广店铺的空间，而只是给卖家一个文字链接或标题图片来对店铺进行个性化设置。如果购物者想更深入了解在亚马逊和 eBay 上出售产品的第三方卖家，那就得访问其他网站。

淘宝则不然。它最重要的客户不是购物者，而是在网站上售卖产品的第三方卖家。我们知道，中国零售业是从买卖双方之间的相互信任开始的，而且卖家需要工具在淘宝市场上创业。我们还知道，只要能让卖家满意，他们就会让自己的客户也满意。

可定制化店铺

为了让卖家满意，淘宝允许他们在淘宝市场内部创建充满活力、令人振奋的交互式线上店铺。阿里巴巴向出口商提供线上贸易展会"摊位"，同样，淘宝也给小型零售商提供了一个场所，让他们表达自己的想法，使自己的店铺与众不同。这些卖家不具备独立创建高效网站的工具或专业知识，因此，淘宝允许他们创建属于自己的店铺页面。这项工作可以在淘宝平台上完成，卖家不会迷失在广阔的互联网海洋中。淘宝所提供的店铺都是高度可定制的，这样，卖家就不必自创网站了。很多卖家把自己的淘宝店铺链接印在名片上，所以，每当他们推广自己的店铺时，就会给淘宝带来流量，这就相当于给淘宝打广告了。

适合国人的感官体验

网站的实用性依赖于干净、清新、简约的设计，排除干扰信息，引导买家进行网购，这已经被西方设计师奉为信条。来到中国后，这些设计师惊讶地发现，中国本土网站往往喜欢采用鲜艳的颜色、华丽的动画和混乱不堪的设计。

我认为，一个上海人的日常生活与一个瑞典人的日常生活大相径庭，这极大地影响了中国人的上网方式。中国购物者已经习惯了繁华的购物环境，比如南京路；但在瑞典乡村，购物者可能要沿着安静的乡间小路开一小时的车才能找到商店，沿途只有宁静的农场，中间点缀着一些红色的房子和牛群。

没错，这个例子有点夸张，但与西方互联网用户相比，中国互联网用户想获得更多视觉刺激，相关研究已经证明了这一点。我听过时任谷歌大中华区总裁李开复的一次演讲。他说，谷歌曾借助实验室研究成果来追踪中国人上网时的眼球运动轨迹，然后将这些数据与美国网民进行对比，结果发现：当美国互联网用户登录谷歌主页时，他们的视线会直接投向搜索框，而当中国互联网用户打开谷歌主页时，他们的眼球会上下转动，似乎想在网页上寻找一些新鲜、刺激和令人惊讶的事物。

在淘宝用户当中，我们也观察到了这种现象，只不过没有以科学的方式对其进行研究而已。对于突然出现在眼前的花哨的促销信息，购物者会做出积极响应。eBay 中国的用户很快就转移到了淘宝，很大程度上是因为淘宝给用户提供了更多激动人心的体验，他们觉得淘宝更人性化。在 eBay 的西方管理者看来，淘宝可能太过可爱和花哨了，无疑超出了 eBay 的绘图设计标准范畴。然而，对于中国购物者来说，色彩鲜艳、极具视觉冲击效果的淘宝更有吸引力。

信誉评价系统

eBay 和亚马逊首创了在线评价这种方式，让买家对卖家和产品进行比较。这些评分有助于买家评价卖家，而且是一种强大的激励措施，能够促使卖家提供高水平服务。我们从亚马逊和 eBay 那里了解到在线评价的重要性，但淘宝把它带到了一个全新的高度。

我们意识到，在中国这种信任度不高的社会里，买家需要参照的评价变量比美国电商网站所提供的评价变量要多得多，毕竟中国没有信用调查报告、商业改进局或解决争端的小额法庭。因此，我们必须创建详细的评价体系，以弥合这种信任差距，让买家能够更好地评价与其交易的卖家。

随着时间的推移，淘宝的评价系统不断进化，现在已经成为评价网络卖家信誉的综合手段。买家根据卖家的服务态度、产品描述的准确度和发货的及时性对其进行评价。该评价系统界面轻松愉快，便于使用，买家可以用红玫瑰（好评）、黄玫瑰（中评）和黑玫瑰（差评）对卖家进行评分。淘宝鼓励买家用文字来阐述自己的评分理由，买家甚至可以上传产品图片，表明自己收到的实物是否符合卖家在网上贴出的图片。

买家可以浏览卖家获得的玫瑰总数及其历史趋势，考察卖家的服务质量是持续提升还是持续下降。卖家获得的玫瑰数量将汇集成红心、蓝钻、蓝冠和金冠，形成卖家的整体信誉记录，淘宝据此对卖家进行打分，提供另一层评级。

买家同样要为交易负责。每次交易成功后，卖家也有机会评价买家。买家获得的评价逐渐累积成红心、黄钻、金冠和红冠，形成其个人的信誉记录。很多淘宝卖家本身也是买家，他们的卖家信誉和买家信誉分别展示在淘宝上，供所有人查阅。

似乎很难理解？没错，我也搞不太清楚这套评价系统。但是，对于热衷于网络游戏的网民们来说，这种"游戏化"的评分方式能够让他们更愉快地参与评价，给买家和卖家提供相互了解所需的信息。

遗憾的是，这项游戏的参与者并不都是善类。好评率的重要性不言而喻，这也导致了"刷单"现象频发，有些淘宝卖家为了提高好评率，与第三方互相勾结，在网上进行虚假交易。卖家不用发货，而是给合谋的第三方寄空箱子，而这个假客户则给卖家写好评，冒充完成了一笔真实交易，以此换取服务费。为了杜绝这种做法，淘宝与刷单团伙之间展开了一场"猫捉老鼠"的游戏。

尽管刷单问题严重，但中国网民数量庞大，将近80%的网民对产品和网络卖家进行真实评价，使该系统得以有效运营。与美国相比，中国的买家和卖家之间存在着巨大的信任鸿沟，而淘宝这套应用广泛的动态评级系统弥合了这一鸿沟。

沟通工具

1994年，我来到中国留学，那时候的电子商务还没有改变人们传统的做生意的方式，我很快就注意到，中国的商业带着浓浓的人情味。在美国，如果我想买一辆基本款自行车，只需开车到塔吉特百货公司，从货架上取一辆自行车去结账；但在中国，这个购物过程就截然不同了。如果我对一位中国的朋友说我想买一辆自行车，他会把我推荐给一位亲戚，这位亲戚认识某个人，而这个人认识一个开自行车店的店主。到了自行车店后，店主先请我喝茶，然后我用并不流利的中文跟他闲聊。谈到自行车价格时，店主会给我打点折，我就可以推着新自行车走出店铺了。

这种通过朋友圈介绍的购物方式能够确保我达成一笔合理的交易，并确保自行车是全新的，而不是装在一个新包装盒里的、翻新过的破旧自行车。卖家通过朋友推荐得到了一位客户，而这名客户可能会继续推荐其他朋友到他店里买自行车，因为店主和我已经建立了一种人脉关系。而介绍其他人到店里的朋友也获得了某种社会资源，卖家说不定哪天就会给予他们回报。

经过不断地摸索，我才对中国商业的这种人情关系有所了解，我的中国同事们却早就对此习以为常。因此，他们认为淘宝如果想复制这种线下沟通方式，就必须加入在线聊天工具，这是至关重要的一项措施。他们有这种想法不足为奇。我们发现，中国网民很喜欢用 MSN 和 QQ 等即时通信工具跟朋友、家人和生意伙伴保持联络。在我们看来，像 eBay 那样阻止买卖双方相互沟通的做法简直令人难以置信。

于是，我们将在线聊天功能引入淘宝，开发了一款名为"阿里旺旺"的聊天软件。用户将软件下载到电脑，便可以进行实时沟通；智能手机普及后，我们又开发了手机版本的阿里旺旺。阿里旺旺是卖家线上店铺的一个组成部分，它就像是欢迎购物者光顾店铺的店员。为了判断淘宝卖家的专业素养，第一次拜访店铺的买家通常会问对方一些问题，以更深入地了解卖家。通过在线交流，卖家可以更好地了解买家的需求，并引导买家将更多产品放入他们的购物车里。按照中国人的传统，买家通常能让卖家减点价，如果买家邀请几个朋友进行团购的话，卖家还会因为量大而给予大幅优惠。

硅谷电商则采用一种截然不同的方法。eBay 认为，如果买卖双方能够即时沟通的话，他们就会为了不给 eBay 支付佣金而进行线下交易。此外，eBay 还认为科技能使客户服务自动化，并有效提升服务质量，如此一来，人与人之间的互动就变得没有必要了。但是，卖家与买家的网络沟通不仅仅是一种客户服务，还涉及销售和客户关系的建立，它有助于强化买卖双方的关系。

随着时间的推移，阿里旺旺提供了更多功能，它允许商家在有大量客户购物时让几名客服人员同时与客户聊天。实际上，这跟销售人员在实体店里卖东西差不多，只不过网店的销售人员是在远程客服中心为客户提供服务罢了。这样，不仅卖家可以节约成本，客服人员也能满足不断增长的客户需求。

社区

当马云向阿里巴巴的联合创始人发表演讲时，他探讨了自己创立的首家企业"中国黄页"失败的原因，以及如何为阿里巴巴寻找不同的定位。他说，两者最大的差别在于，阿里巴巴不仅仅是一个网站或线上市场，它还是一个社区。

eBay 也明白社区的含义，它早期曾为商家组织过一些活动和联欢会，商家们表现出极大的热情，一年一度的 eBay 卖家大会（eBay Live!）更是万人空巷。但是，与美国的线上社区相比，中国线上社区的热情有过之而无不及，这是 eBay 始料不及的。

中国人对线上社区的狂热程度让西方人难以置信。我之前提到，中国文化更崇尚集体主义，而西方人更倾向于个人主义。对于中国线上社区成员来说，社区不仅仅是一个论坛，还是他们身份的一部分。

因此，在为淘宝设计线上社区的过程中，我们认为 eBay 那种简单的线上论坛和留言板无法满足中国消费者的需求。我们设计了轻松活泼、色彩艳丽的在线频道，将那些有共同爱好的淘宝成员聚集在一起。我们宣传会员创业成功的故事，向大家提供一些关键信息和卖家在使用淘宝的过程中获得的技能。我们还给淘宝卖家提供工具，协助他们安排聚会和组织俱乐部，并允许卖家粘贴与业务相关的长篇博文。

随着受欢迎程度逐渐提升，这些论坛也变得更加民主化，并焕发出勃勃生机。我们允许社区成员推选论坛版主，由版主发动社区成员展开讨论。我们还创立了一系列奖项，阿里巴巴会员可以提名卖家参加评选，然后整个社区对候选人进行投票表决。我们选出一些社区成员组成仲裁小组，他们对买家和卖家之间发生的纠纷拥有最终决定权。马云会定期与社区成员进行交流，向他们阐明淘宝的最新政策或征求他们的反馈意见。这个由会员组成、受会员管理、为会员谋福利的社区，担负起虚拟政府机构的角色，而在大多数情况下，这种角色在线下世界是缺失的。

淘宝社区里的很多青年男女喜结连理，我们甚至专门创建了一个频道恭喜他们，这更进一步证明了社区成员之间的密切关系。在中国，假如你听到有人说她和自己的丈夫是通过淘宝认识的，你肯定不会觉得惊讶。然而，你很少听说有人跟自己的丈夫是在亚马逊网站上认识的。淘宝就是这么人性化。

淘宝生态系统的其他环节

淘宝的核心服务是为买卖双方创建一个市场，但在电商的生态链中，支付和物流仍是两个非常薄弱的环节，需要加以强化。为此，我们只要对美国电商模式稍做改动就可以了。

支付

信用卡在美国的普及程度极高，这也是亚马逊和 eBay 在成立初期能够快速发展的原因。当时的消费者已经习惯于通过电话进行目录采购，然后用信用卡支付货款，因此，亚马逊和 eBay 只需说服消费者在网上使用信用卡，便可完成支付方式的转变。

对亚马逊来说，这几乎是一个无缝转换的过程，因为在媒体的连篇报道下，亚马逊早已被塑造成一个值得信赖的品牌。eBay 面临的困难则要多一些，因为消费者没有把钱付给 eBay，而是付给了 eBay 上的卖家。所以，eBay 要使买家与诸多卖家之间的支付变得更加便利。通过收购 PayPal 并鼓励用户使用该软件，eBay 很轻易地实现了这个目标。在大多数情况下，买家是信任 eBay 卖家的，他们需要的是一种支付方式，可以把钱付给卖家。假如要建立一个让所有卖家都接受的信用卡支付系统，无疑是一项浩繁的工程，于是 PayPal 想了个办法，允许 eBay 买家创建自己的在线账户，买家可以通过信用卡或银行电汇的方式向该账户转入资金。

相比之下，在中国，信用卡直到 20 世纪 90 年代末才开始大量发行，消费者对信用卡的接受程度很低。因此，当阿里巴巴于 2004 年推出自己的支付系统"支付宝"（Alipay）时，我们便面临一项巨大的挑战，即说服客户将银行账户里的钱转入支付宝账户。当然了，挑战总是与机遇并存。我们意识到，如果我们能够为用户提供便利，将他们的银行账户与支付宝连接起来，那我们就与用户建立了一种更深厚的关系。有了这层深厚关系，我们甚至不排除支付宝最终演化成银行的可能性。

淘宝购物好处多多，中国购物者受此激励，愿意把钱转到支付宝。支付宝与 PayPal 有着本质的区别。支付宝是由第三方托管的支付系统，只有在消费者确认自己已经收到货物，而且该货物达到期望值的情况下，支付宝才会把钱转给卖家。这样的改进虽然很简单，却帮助支付宝成为一个比 PayPal 更具吸引力的支付系统，因为买卖双方都确信一点：假如交易的一方没有履行自己的职责，支付宝就会承担相应风险。

物流

与其他新兴市场相比，中国的物流配套相当完善，足以让电子商务顺利起步。历朝历代，中国几乎一直保持着中央集权的管理方式，人口流动受到限制。中央集权政府还建立了一套全国性的邮政系统，尽管该系统投递速度很慢，效率很低，但它依旧能可靠地投递包裹。此外，自从中国实行改革开放政策以后，很多快递公司应运而生，它们虽然散布在全国各地，却能完成大部分货物的投递工作。虽然中国的物流基础设施谈不上完善，可买家为了在网上买到便宜的产品或当地找不到的产品，也愿意多等几天时间。

天猫诞生

正当大品牌专注于通过实体零售渠道销售产品的时候，淘宝上的小买家和小卖家共同创建了中国电子商务的生态系统。到了 2008 年，论交易额，淘宝已经成为中国最大的购物场所。一些大零售商和品牌商也尝试过发展电商，但大部分无法吸引线上流量，淘宝的成功迫使它们开始留意这个平台。

过去，大品牌商和大经销商不想在淘宝上销售产品，认为那些中小型商家的信誉度跟大品牌不在同一水平线上，产品也有可能是假货，它们不希望这些"假冒伪劣产品"出现在自己的产品旁边，从而危及自身品牌形象。为了服务这些卖家，淘宝开了淘宝商城（Taobao Mall），允许规模更大、更优质的卖家在淘宝集市内部的一个付费频道里创建品牌店铺。这一举措将品牌店铺与普通的淘宝小店区分开来。

淘宝买家已经变得越来越老练，他们对于淘宝产品和卖家的期望越来越高，然而，对于淘宝卖家提供的产品的质量和来源，他们依旧感到焦虑不安。尽管卖家评级有所帮助，但买家还是面临不少闹心的问题，比如：这双耐克运动鞋是正品吗？这些欧莱雅化妆品在运输过程中是否得到妥善储存？这真的是一台新的苹果手机吗？

淘宝商城向买家做出保证：他们从授权经销商那里买到的产品都是正品，他们买的产品再也不是来自虚拟的城郊跳蚤市场的二手货了；相反，淘宝商城就像是市中心光鲜亮丽的大型购物中心，消费者可以在这个虚拟商城中买到心仪的正品。当然，淘宝商城的产品价格稍微高一些，但购物体验要好得多。淘宝商城还承诺，入驻商城的卖家必须经过认证，并且上交一大笔保证金，用来确保交易顺利进行。假如卖家欺诈买家的话，淘宝商城将对其进行处罚。

聚集足够多的卖家之后，淘宝商城便从淘宝平台分拆出来，成为天猫商城（Tmall）。很快，来自世界各地的品牌蜂拥而至，纷纷到天猫开店。尽管天猫是独立于淘宝的，但它的产品也会出现在淘宝的搜索结果上，而且带有"天猫"标志，这样可以将淘宝用户转移到天猫商城。事实证明，天猫是阿里巴巴消费市场的摇钱树，天猫卖家愿意为排名、关键字广告和促销花钱，并且同意按不同产品类别支付约 5% 的交易佣金。

阿里巴巴发现，天猫比淘宝更容易赢利。淘宝卖家已经习惯了免费服务，倘若淘宝要收费，他们必定会群起反对；相比之下，天猫卖家很乐于支付这些费用，因为经营一家天猫店的成本比经营一家实体店低多了。

淘宝的成功离不开几个关键功能，阿里巴巴将这些功能嫁接到了天猫身上。买家可以通过阿里旺旺的即时通信功能与卖家销售人员实时交谈。天猫店铺完全是可定制的，这样，品牌商就可以把一些图形、图像、视频和品牌标识元素放在自己的天猫店铺上，对其进行个性化设置。买卖双方互评也是一个重要功能，买家和卖家都要为自身行为承担责任。天猫鼓励买家分享他们喜欢的新品链接，这让网购用户形成了强烈的社区感。此外，支付宝还会为阿里巴巴的首选合作伙伴优先结清货款。

天猫允许小商家与大品牌直接竞争，而这些商家卖的产品与大品牌完全一样，这对它们来说不是件好事。随着天猫不断提高卖家的准入门槛，许多小商家根本无法进入天猫，数千万美元的产品滞销仓库。终于，这种紧张局面在天猫修改准入规则后达到顶峰，数百名天猫卖家在阿里巴巴总部门口举行抗议，公开谴责马云和阿里巴巴没有给卖家足够的时间去应对新政策，当地政府不得不干预进来。阿里巴巴辩解称，此举是为了提升卖家的准入资格，营造一个更安全、更可靠的购物环境。久而久之，抗议声慢慢平息了下去。

随着越来越多的人上天猫和淘宝购物，中国主流社会开始接受网购。中国购物者内心的疑问不再是"网购是否安全"，而是"我该上哪个网站购物"。由于淘宝和天猫已经让线上零售系统变得更加成熟和高效，B2C模式在中国蓬勃发展。物流已经有了明显改善，在线支付平台也被人们广泛采用。因此，在第一批"中国的亚马逊"出现10年后，B2C模式东山再起，但将该模式发扬光大的不是诸如当当或亚马逊①这样的早期电商企业，而是阿里巴巴这家诞生于非典时期的企业。

亚马逊模式的回归与京东的崛起

eBay在2005年退出了中国市场，当时的阿里巴巴主宰了国内电商市场，似乎没有竞争对手能够挑战其统治地位。但是，随着京东商城逐渐崛起，阿里巴巴在后eBay时代首次遭遇挑战，两种商业模式之间冒着浓浓的火药味。阿里巴巴与京东之争并不仅仅是网站之间的较量，也是两个网络生态系统之间的竞争，对于中国乃至全世界电子商务的未来都有着重要意义，因为它有助于预测哪种商业模式更有可能在其他新兴市场取得成功。

1974年，刘强东（Richard Liu）出生于沿海省份江苏省的一个普通家庭。1998年，他在北京创立了零售企业京东公司。刘强东起初是到北京学习社科专业的，后来他盘下了一家餐馆，用来支撑自己读大学期间的所有开销。不久以后，餐馆员工卷款潜逃，餐馆倒闭。这是件非常令人尴尬的事情，但刘强东从中学到了重要一课。"我

---

① 卓越网当时已被亚马逊收购。——作者注

逐渐明白，餐馆倒闭的责任全在我，"他说，"因为我没有建立管理架构，疏于监督，也没有建立财务体系和流程。"[9]

几年后，刘强东挽回了自己的尊严，在北京中关村电脑城创办了京东公司。不到 5 年时间，他开了 12 家分店，年销售额超过 145 万美元。然而，就在 2003 年，非典席卷中国，顾客都待在家里不敢出门。刘强东意识到，让生意继续进行下去的唯一方式就是在互联网上卖东西，于是他开了一家名为"京东商城"（360buy）的网店。"如果不是非典，可能我就不会加入电商行列。"刘强东后来回忆说。[10]

从那时起，京东便开始疯狂扩张，迅速超越了它的竞争对手当当和亚马逊中国（Amazon China）。京东以销售电子产品而出名，后来业务范围逐渐扩展到图书、服装、饰品和日用百货。当客户抱怨中国零散低效的快递服务不靠谱时，京东又开始组建自己的快递队伍，并以此作为卖点，宣称京东可以管控整个消费体验，而这正是它有别于淘宝和天猫的地方。有了自己的快递团队之后，京东便可以追踪和无缝管理产品的投递和退货工作。当然，这样做的成本可不低。至 2016 年，京东员工规模达到 10 万人，其中绝大多数都奋战在快递一线。

这些年来，京东一直在增加产品类别，形成了自己的市场模式。京东允许外部商家加入它的分销平台，与阿里巴巴旗下的天猫商城展开正面交锋。这项举措让京东得以进一步扩大产品种类，对其全国分销基础设施进行巨额投资。随着跨境贸易兴起，京东又开始努力吸引国际品牌进驻它的"全球购"平台。

京东与阿里巴巴之间日趋激烈的竞争和迥异的商业模式也导致

刘强东和马云之间的争端公开化。马云曾预言说，京东的重资产商业模式"最终将以悲剧收场"。这话更助长了两人之间的敌意。刘强东经常在媒体上反驳说，淘宝和天猫是假冒伪劣产品的聚集地，只有类似于京东这样的商业模式才能杜绝假货的产生。

哪种商业模式将会胜出？

围绕着京东的最大问题在于，它决心继续拥有和运营自己的物流和配送基础设施，投资者对于京东的这种商业模式要么恨之入骨，要么喜爱有加。即使是亚马逊这样的企业，也将配送和到户交付留给第三方去做；阿里巴巴的应对方式则是创建一个联合企业"菜鸟网络"（Cainiao Network），将中国现有物流供应商联合在一起。菜鸟网络拥有 1200 名员工，每天处理 3300 万件包裹。相比之下，京东拥有 10 万名员工，每天处理 340 万件包裹。阿里巴巴提出，京东要想达到阿里巴巴每日处理的包裹数，员工人数必须增加到 100万人。

哪种商业模式将会胜出？似乎没人能给出确切的答案。京东的支持者称，中国电商的基础设施越来越高效，全套服务模式将会胜出，因为经营规模越大，就越容易控制以仓储为导向的商业模式下的整个生态系统所产生的成本。阿里巴巴的支持者则认为，任何一家电商都很难独自管理跨类别产品库存；季节性趋势和不断变化的潮流时尚要求特定品类的产品经理必须贴近客户，知道何时储存合适的产品。他们说，专业商家能够比跨品类大零售商更好地完成这项工作。

阿里巴巴的铁杆支持者还认为，由形形色色小卖家组成的市场模式会形成一种更强烈的社区意识，使评价系统变得更加有效。这种由社区形成的社会力量赋予了阿里巴巴一定的优势，但是，当京东与中国另一家互联网巨头腾讯（Tencent）结盟后，阿里巴巴这一优势便被抵消了。

腾讯，一个正在快速形成的社区

2004 年，马云举行了一场小型晚宴，受邀者是摩根士丹利公司（Morgan Stanley）的几位高管，我也有幸出席晚宴。觥筹交错之间，一位高管问马云："除了阿里巴巴之外，您认为中国的哪家互联网公司最值得我们投资？"马云不假思索地说："腾讯。它的产品很有价值，只不过大家暂时没有意识到而已。"

我很后悔没有听从马云的建议。就在马云做出这番推荐的时候，腾讯在香港证券交易所的股价一直徘徊在 1 港元左右。到了 2017 年 4 月，腾讯股价已经飙升至 230 港元，公司市值达 2790 亿美元，进入全球十大最有价值企业行列。

腾讯在中国早已家喻户晓，但在国外却鲜有人知，这与其创始人马化腾低调的领导风格有着很大关系。马化腾把腾讯打造成全球最大的科技公司，他本人却很少出现在媒体的聚光灯下。

马云和马化腾虽然同样姓马，但不是亲戚，而且两人的行事风格也有着天壤之别。马云性格外向，行事张扬，吸引了不少国外媒体的报道，这让他成为中国企业的代表性人物。马化腾则大多数时候都保持神秘色彩，非常不喜欢吸引媒体的注意力。但是，与阿里巴巴的电商帝国相比，马化腾建立的社交媒体帝国毫不逊色。

1971 年，马化腾出生在中国南方，后来考上深圳大学攻读计算机专业。大学毕业后，他到一家电信企业工作，但在 1998 年辞职创立了腾讯公司。腾讯的第一款产品发布于 1999 年，它几乎就是以色列人研发的桌面即时通信软件 ICQ 的翻版，而且马化腾将它命名为OICQ。外界批评说他的发明只是在抄袭以色列产品，然而马化腾对此不屑一顾，宣称"抄袭不是罪"[11]。不过，在舆论压力之下，他最终将产品改名为 QQ，并以企鹅作为这款产品的吉祥物。

QQ 很快就受到中国年轻网民的欢迎，他们非常喜欢在网上交朋友，并通过 QQ 平台扩大自己的社交圈子。不久以后，腾讯增加了 QQ 的功能，除了即时通信之外，用户还可以用 QQ 在网上组群、发布照片和个性化设置自己的形象。曾经的 ICQ 复制品已经演变成一个动态社交网络。可以这么说，在脸书（Facebook）出现之前，QQ 就是"中国版的脸书"。

QQ 获得了巨大成功。2000 年 4 月，马化腾从美国科技型出版企业国际数据集团（IDG）和香港大亨李嘉诚的儿子李泽楷那里获得了220 万美元投资。但一年后，腾讯大社区没有形成一个能够赢利的模式，李泽楷和国际数据集团将自己持有的腾讯 47% 的股份作价 3200万美元卖给了南非报业集团（Naspers）。事实证明，南非报业的这笔投资是史上最划算的投资之一，仅次于软银对阿里巴巴的投资。

21 世纪初，腾讯举步维艰，资金来源几乎枯竭。公司拥有数百万客户，但由于它提供的是免费服务，并没有明确的盈利模式。经过一番摸索之后，腾讯发现可以从 QQ 信息中收取用户少量费用。

紧接着，腾讯推出了几项增值服务，公司实现赢利，并于 2004 年在香港证券交易所上市。

上市后，投资者质疑 QQ 如何才能增加收入。后来，腾讯找到了新的盈利模式，向用户提供收费表情符号、彩铃和存储空间，公司股价稳步上升。不过，直到进入网络游戏领域，腾讯才真正找到了赚钱的产品。它开始收购世界各地热门游戏的版权，然后对游戏进行汉化，通过出售虚拟武器和其他虚拟物件的方式积少成多，赚取了高达数百万美元的收入。2016 年年底，与游戏相关的增值服务已经为腾讯带来了 102 亿美元的收益。

随着腾讯社区的不断发展壮大，马化腾发现电商是一个非常具有吸引力的行业，于是他创立了拍拍网（Paipai），与淘宝展开正面竞争。和淘宝用户一样，拍拍网用户也可以开网店和在线销售产品。然而，拍拍网的市场份额一直没有超过 10%，腾讯最终放弃了这块市场。

尽管拍拍网败走麦城，但在 2011 年，腾讯推出了微信（WeChat），将社区的强大力量从电脑桌面转移到了智能手机，社交网络霸主的地位得以巩固。当时，智能手机已经成为中国用户上网的主要手段，腾讯进入手机领域的积极举动，让它迅速建立起一个比西方同行更占优势的生态系统。

从本质上说，微信是把中国农耕文化中紧密相连的社区关系搬到了智能手机上。与西方人的智能手机相比，安装了微信的智能手机在中国人的生活中扮演着更加重要的角色。微信与脸书不能相提并论。微信不仅仅是一款应用软件（App）或一个社交网络，而是一整套生态系统，里面包含了内容、社区和商业。请想象一下，微信就相当于把脸书、WhatsApp、Zygna、领英（LinkedIn）和你在日常生活中想用到的所有功能加在一起。到了 2016 年 3 月，7 亿多中国人成为微信的忠实用户，其中五分之三的用户每天使用微信 10 次以上。[12]

除了与通讯录上的好友聊天之外，微信用户还可以搜索附近的人，浏览他们公开的新鲜事，结交新朋友和联系人，甚至可以和异性约会。用户可以通过微信浏览新闻、网站内容和名人推荐的产品。微信上设有品牌专卖店，用户可以通过微信在线购物。线下购物时，用户可以在销售点终端机上用腾讯财付通（Tenpay）扫描二维码向商家付款，或者用财付通的"红包"功能将钱转给别人。

在中国，交换名片是一个非常重要的习俗，而微信出现后，这一习俗甚至也被它取代了。最近我回了一趟中国，发现商务会议结束时，人们不再交换名片，而是互加微信。参加小组会议时，与会者常常利用微信的"摇一摇"功能添加旁边同时在摇手机的其他与会者，这种现象并不罕见。如果会议室里的所有人想同时组成一个群，这个功能尤为实用。

新认识的朋友和生意伙伴很快就愿意把微信作为联络工具，也许这正是微信最令人惊讶的地方。与西方人不同的是，中国人在使用社交网络的时候不会太拘泥于是职业场合还是私人场合，这种模糊化的使用方式导致领英之类的服务平台在人们眼中变得没那么重要，因为无论朋友还是同事，都在使用微信作为联系手段。

微信在社交网络的统治地位并不是没有受到过挑战，马云就是最大的挑战者，同时他也是最欣赏马化腾的人之一。马云担心微信有可能会抢走阿里巴巴的客户，于是他在 2012 年推出了阿里巴巴自己的手机端即时通信平台"来往"，正式向微信宣战。为了增加"来往"的用户，马云呼吁每名阿里巴巴员工吸收 100 位新的"来往"用户。据说，完成不了这项拉人头任务的员工就得不到年终奖。尽管马云软硬兼施，但"来往"一直无法追赶上微信的用户数量，微信成了社交网络和即时通信领域的龙头老大。

阿里巴巴心有不甘，并于 2013 年开始收购新浪微博（Sina Weibo）的股份。新浪微博是中国早期的社交网络先驱，被视为"中国版的推特（Twitter）"。与微信只允许联系人进入用户的私人界面相比，微博是一个公共平台，普通老百姓和名人都可以将公开的博客内容和评论放到上面。虽然新浪微博是中国互联网的一股力量，但在社交网络领域，阿里巴巴依旧无法比肩腾讯。

腾讯坐稳了社交网络龙头老大的位子之后，马化腾再次将注意力转向了电商，并与阿里巴巴的宿敌京东达成合作伙伴关系。2014年，腾讯投资 2.15 亿美元，购入京东 15% 的股份。双方展开合作，将微信的流量转移至京东平台。这笔交易让腾讯又找到了一个将用户流量转化为金钱的方法；而作为交换，京东获得了维持增长和规模所需的流量。该交易也为未来中国电商市场地位之争打好了基础。

SIX BILLION

SHOPPERS

第三章

中国的购物中心

回到未来

　　中国正在发生日新月异的变化，有些变化简直让人目不暇接。2016 年，在离开上海一年后，我又回到了这座城市，并目睹了这种变化。当我回到我的公寓楼时，发现入口楼梯间堆了 40 只装满包裹的硬纸箱。这些纸箱如长龙般堆满大堂，甚至延伸到之前冷冷清清的人厦管理处办公室里。管理处的两名员工坐在办公桌旁边，周围的快递箱堆得像小山那么高，这些快递的收货人都是大厦的住户。我到大厦拐角处的便利店看了一眼，发现那里也差不多被箱子淹没了，店员告诉我："我们让快递员把包裹暂时放在这里，等隔壁的顾客来拿。"

　　过了一会儿，我到马路对面一家新开的面店吃点东西。这家店装修得大方美观，里面没有服务员，只有三块用来点餐的触摸屏。我选好自己想要的面，按下"支付"键，屏幕出现了"支付宝"和腾讯的"微信支付"（WePay）选项。我手机上没有安装这两个支付软件，于是我选择给现金。收据打印出来后，我走到面店的另一头，看到店里的一名员工正百无聊赖地用她的苹果手机玩游戏。显然，对我这个无法用手机付款的顾客，她觉得很不习惯。我把收据递给她，她在收银机上进行结算。

"触摸屏点餐简直太棒了，"我问她，"但顾客会用吗？"她回答道："只有老年人用不惯。"此话一出，我顿时成了守旧落伍之人。她接着说道："年轻人都用手机付款。其实，只要将我们餐馆的 App 下载到自己的手机，就可以用它点餐和付款了。很多人都这样做。"

不久之后，我与 Web2Asia 创始人兼总裁宫乔治（George Godula）相约喝咖啡。宫乔治创立的 Web2Asia 起初是一家数码广告公司，但它逐渐演变成为电商服务提供商，帮助欧美企业在天猫、京东和其他线上平台售卖产品。宫乔治打开他空空如也的钱包，对我说："这种事情在中国很平常。我甚至连现金都不用了，无论打的、外出吃饭还是交水电费，都可以用支付宝或微信付款。我有些朋友甚至三年没去过杂货店，他们在智能手机上购物，快递直接送到家。"

2017 年，我又回了一趟中国，发现不仅消费者不带现金，就连零售商也不使用现金了。我到当地一家星巴克买咖啡，看到顾客排着长长的队伍迅速地经过收银台结算。当地顾客都拿出手机，用支付宝或微信支付功能为自己购买的商品结账。轮到我结账时，我掏出一张 100 元纸币，队伍的移动突然中断了。收银员停下手头的工作，认真研究起这张纸币来。她举起纸币，在灯光下检验其真假。有那么一瞬间，我感觉她像是从来没见过现金似的。距离星巴克几个街区之外还有现磨咖啡店，我看到点餐窗口处的那面墙上写着一句话："扫码支付，不收现金。"

显然，像我这种落伍的人要么奋起直追，要么被时代所淘汰。论电子商务，中国终于超越了欧美国家，而这早就在很多人的预料之中。

全球最大电商市场

如果用一个数字来描述中国如今的电商规模，那就是170亿美元。2016年"光棍节"①这天，阿里巴巴网站在24小时内的交易额达到了170亿美元。这是阿里巴巴在2009年发明的节日，与当时单身人士抵制情人节的活动相呼应。2016年，阿里巴巴在"光棍节"当天的销售额再次超过了美国"黑色星期五"（Black Friday）和"网络星期一"（Cyber Monday）的线上销售额总和。要知道，这个数字甚至还不包括当天中国其他电商网站的销售额。倘若你意识到这一点，便会感到更加吃惊。

不过，中国人当然不仅仅在"光棍节"这天上网购物。驾车行驶在中国城市的大街小巷，你会看到快递员骑着摩托车或电动车穿梭于车流之中，车后座的包裹堆得一个比一个高。纸箱用量似乎越来越多，但中国消费者的购物方式似乎正在悄然发生改变。2005年，C2C（消费者对消费者）交易额几乎占中国电商总销售额的100%，

---

① 即"双十一购物节"。——译者注

然而，随着越来越多消费者从知名的大型零售商网店购买商品，零散的小零售商风光不再，这个比例也几乎下降了一半。如今，C2C市场几乎仍由淘宝主宰，它正逐渐变成一个消费者寻找非品牌产品或"长尾"产品[①]的地方。

电子商务的增长主要来自企业对消费者（B2C）领域，该领域的竞争也日趋激烈。中国的绝大部分B2C销售仍是由平台完成的，而非个别品牌网站。根据艾瑞咨询网站（iResearch）在2016年做出的评估，天猫和京东的B2C市场占有率分别为57%和25%，两者销售额之和占中国电商市场的五分之四，是当之无愧的市场主宰者。剩余的市场份额由少数几家企业瓜分，其中份额较大的包括电器零售商苏宁易购（4%）和国美（1%）、折扣品牌零售商唯品会（1%）、在线超市1号店（1%）。亚马逊中国及其模仿者当当在B2C市场所占的份额均不足1%。[1]

手机

手机在中国已经非常普及，可最大的问题在于：消费者使用手机网购的频率是否与台式电脑一样高？毫无疑问，答案是肯定的。根据波士顿咨询集团提供的数据，手机已经成为中国消费者进行网络购物的主要手段。截至2015年，51%的中国消费者用手机进行网购，而放眼全世界，只有35%的消费者这样做。[2]2016年"光棍节"，

---

① 指单品销量不大，加起来却共同占据了较大比例市场份额的冷门产品或专业产品。——作者注

82% 的消费者用手机在阿里巴巴上购物。³ 而 2016 年全年，中国消费者对线上和线下商家的手机端支付总笔数几乎是美国的 51 倍。⁴

随着手机电商迅猛发展，品牌商必须要知道一点：中国手机用户比欧美用户更喜欢用大屏手机。大屏手机不仅给了品牌商更多展示产品和品牌形象的空间，也意味着更多中国人可以用他们的智能手机观看视频。商家可以借助视频表达更丰富的产品内容，因此，迅速普及的智能手机让电商获益良多。数据下载速度大幅提升，价格却不断下降，与其他新兴市场相比，中国市场的移动数据资费相对较低。

全新的社交电商

西方民众经常谈论社交电商，而谈论的重点是脸书、推特和 Instagram 这样的社交网络是用什么方式把购物者推荐到电商平台的。消费者一般通过某个社交网络平台了解另一个平台，比如亚马逊或某家厂商的网站，然后到该网站购物。

但中国的社交电商完全是另外一副情形。西方的社交平台和购物平台是独立运营的，而在中国，两者合而为一，社交与商业难以区分。淘宝在这方面体现得最为明显。从成立时起，淘宝就是一个高度社交化的平台，与西方购物平台相比，淘宝的消费者互动程度要高得多。购物者可能每周只使用几次亚马逊的手机 App，而当他们访问亚马逊网站时，平均只在网站停留 9 分钟。购物者的行为很简单，他们上亚马逊就是为了购物，购物成功后就"各奔东西"了。相比之下，淘宝购物者平均每天使用 7 次淘宝的手机 App，总时长达 25 分钟。[5] 甚至比世界各地推特用户每天上推特平均所花的 16 分钟还要多。要知道，推特的使命恰恰是为用户提供一个社交和分享想法的平台。

那么，在使用淘宝手机 App 的时候，淘宝用户到底会做些什么？淘宝有 1000 多个特殊兴趣小组，从婚礼策划到垂钓，话题应有尽有。用户通过兴趣小组，或相互交流，或直播商家的活动，或阅读和评论社区专家写的博文，又或者在小组论坛上结识有共同爱好的新朋友并跟他们聊天。

在很大程度上，这个社区是有机发展的，它由数百万名业余博主和购物者组成，淘宝为这些人创造了一个平台。不过，它也得到了来自阿里巴巴的支持。阿里巴巴给予业余博主和社区专家销售佣金，请他们写一些关于产品的文字，并向消费者推荐产品。淘宝还安排直播和请名人写博客介绍某款产品，比如一个新的化妆品系列。

所有这些社交活动的一个重要目的就是围绕用户的某种特殊兴趣创建社交网络，即鼓励人们结交新朋友，而不是依赖现有的朋友圈。正如阿里巴巴联合创始人兼集团执行副主席蔡崇信所说的那样："在脸书，你之所以与自己的朋友交流，是因为你们已经彼此了解。而在淘宝，我们先与陌生人打交道，然后利用大数据找到一个共同的兴趣点，再围绕这个兴趣点创建社区。"[6] 中国的中产阶级越来越多，他们四处寻找新的消遣和爱好，淘宝可以为他们提供平台，让一个刚买了宝马车的车主找到其他宝马车车主，然后约定某个周日在车友会见面。淘宝还可以给垂钓爱好者提供一个论坛，让他们探讨哪种鱼饵在当地最好用。所有这些活动都有助于提升淘宝平台的产品销量。

那么，中国的社交电商为何会如此活跃呢？有人认为，这是因为经过多年的阶级斗争之后，人们被压抑已久的休闲爱好彻底迸发了出来；也有人认为，这是受到了中国新消费时尚的驱动。但在我看来，文化底蕴才是最主要的原因。这种带有高度社交色彩的文化可以追溯到几千年前中国水稻产区的生活方式。中国人喜欢把自己与别人联系起来，成为某种伟大事物的一部分。到了互联网时代，数据包、交换机和光纤管道已经取代了梯田旁边的灌溉渠和中国的社会关系网。

阿里巴巴与腾讯的生态系统之战

西方的社交平台与购物平台之间有着清晰的界线，而中国电商的社交特性模糊了这条界线。这更加凸显了迎合各类客户需求的重要性，也引发了一场争夺网络客户的别样战争。中国的电商之争更应该被视为两个相互竞争的生态系统之间的较量。每个生态系统都是由数家企业组成的联盟，中间夹杂着剪不断理还乱的投资关系和排他性的合作关系。第一个生态系统的领军企业是阿里巴巴，约占 2016 年中国在线零售总额的 75%；第二个生态系统则是由腾讯和京东领导的企业联盟，只占 2016 年中国在线零售总额的 15% 至 20%，但它正在逐渐蚕食阿里巴巴主宰的市场。

这两个横空出世的生态系统背后存在着驱动因素。中国是一个信任度较低的社会，假如有像阿里巴巴或腾讯这种值得信任的企业为商家背书，并在交易出现问题时保障消费者的利益，那消费者就能带着一种更坦然的心情购物。作为生态系统的监督者，阿里巴巴和腾讯的职责就是确保所有参与者都为自己的商业行为负责。它们要奖励那些品行端正的商家，并根据商家的排名将其放在生态系统的重要位置上。不守规矩的参与者会被驱逐出生态系统，它们的业务也将失去发展前景。

线下环境中，购物者通常可以查明某家零售商是否合法（但也不是每次都能这样做）。然而，即便商家不合法，也很难对其采取措施。在中国，许多"山寨"苹果实体店如雨后春笋般冒出来，不仅店铺设计和员工着装完全抄袭真的苹果店，就连其他一切细节也达到了以假乱真的地步，这就是最明显的例子。线下环境尚且如此，调查线上店铺合法性的难度就更大了。没错，某个线上品牌店铺看上去像是真的，但有谁能够保证它不是在模仿别的品牌呢？天猫和京东商城的零售商倒是可以确保顾客买到的是正品或授权经销商代理的产品。

平台在中国扮演更重要角色的另一个原因是这个市场的效率实在太低，个体零售商很难解决效率问题；相反，平台可以代表所有商家去处理物流和支付方面的难题。阿里巴巴和腾讯各自组成了企业联盟，通过相互参股的方式形成合作伙伴关系，这更加强化了电商之间的联系。

微软和苹果曾为了桌面操作系统的头把交椅而相斗多年，同样地，阿里巴巴和腾讯也在为中国电商操作系统的霸主地位而竞争。下面，我要讲讲这两个生态系统的现状以及各自的优势和劣势。

阿里巴巴生态系统

2014年，阿里巴巴成功上市，融资规模达到创纪录的250亿美元。从那以后，阿里巴巴用这笔资金收购和投资了大量企业。在局外人看来，阿里巴巴收购某些企业的动机似乎不太明朗，其中最引人注目的一笔交易就是投资1.92亿美元入股广州恒大足球队。

为了阐明公司的发展规划，阿里巴巴在2016年6月首次举行投资者日大会。阿里巴巴集团主席马云向参会的投资人发表演讲。他说，投资人经常问他两个问题，第一个问题是："你能用一句话描述阿里巴巴吗？"第二个问题则是："西方企业当中，哪个企业最像阿里巴巴？"他说，他只能用"不能"和"没有"来回答这两个问题。接下来，阿里巴巴集团首席执行官张勇上台演讲。他说，目前经常访问阿里巴巴零售市场的用户已达4亿人，而阿里巴巴正致力于创建一个"电商媒体生态系统"，借助数字化渠道接触比这更多的客户。该系统由以下几部分组成：

核心电商资产

·阿里巴巴中国（华语批发市场）

·阿里巴巴国际（国际批发市场）

·淘宝（C2C市场）

·天猫（B2C市场）

·农村淘宝（Taobao Rural）（服务农村买家和卖家）

·全球速卖通（AliExpress）（国际消费零售业）

·天猫国际（Tmall Global）（跨境销售）

移动媒体和娱乐

· 优酷（Youku）（类似于 YouTube 的视频网站）

· 土豆（Tudou）（另一家视频网站）

· 天猫电视（Tmall TV）［阿里巴巴针对奈飞（Netflix）的应对措施］

· 优视浏览器（UC Browser）（以搜索功能见长的手机浏览器）

· 阿里巴巴影业（Alibaba Pictures）（电影及视频内容制作商）

本地化服务

· 飞猪（AliTravel）（提供出行旅游服务）

· 口碑网（Koubei）（分类广告网站）

· 饿了么（Elema）（餐饮市场 / 社区）

支付

· 支付宝（在线支付）

· 蚂蚁金服（Ant Financial）（阿里巴巴的金融部门）

物流

· 菜鸟网络（将中国很多物流供应商汇聚在一起、覆盖范围甚广的物流网络和市场）

广告

· 阿里妈妈（Alimama）（广告市场）

数据与云服务

· 阿里云（Alibaba Cloud）（阿里巴巴针对亚马逊云服务推出的措施）

线下零售

·苏宁（大型电器零售商，阿里巴巴于 2015 年向苏宁投资了
46 亿美元，占有其 20% 的股份）

·银泰百货（Intime Retail）（大型零售与购物中心运营商，
2017 年被阿里巴巴收购）

张勇认为，这个由关联企业组成的网络形成了跨平台协同效应。
他说，在美国，诸如 YouTube、脸书和推特这样的平台相互之间是
没有关联的，它们各自发挥着品牌推广、销售和播放等职能，很难
为企业提供全方位的品牌推广体验。美国的隐私权法通常禁止商家
在不同平台和企业之间共享用户数据。

相比之下，阿里巴巴已经在中国串联起了一个更加无缝衔接的
生态系统。它借助统一的识别系统来追踪跨平台用户。举个例子：
用户可以点开阿里巴巴的微博（类似于推特的社交媒体社区）上的
一条链接，进入阿里巴巴旗下的视频网站优酷，然后打开一个视频
广告，便进入了天猫商城，用户可以在商城里买点东西。阿里巴巴
用了大约 20% 的股票市值来创建这个生态系统，它宣称该系统已经
覆盖了 95% 的中国互联网用户。按照阿里巴巴的规划，这是一个零
售与娱乐相结合的生态系统，企业不仅可以在系统内创建品牌、管
理客户、拓展市场渠道，还可以在关联平台上推出新产品。

腾讯生态系统

为了与阿里巴巴抗衡，腾讯也吸纳了一些投资，并联合了若干

合作伙伴，创建出属于它自己的电商生态系统。该系统由以下几个核心模块组成：

社交网络

· 微信（腾讯占据市场主导地位的移动端通信服务）

电商

· 京东（腾讯线上零售合作伙伴，25% 的京东新客户来自腾讯门户网站的推荐[7]）

· 1 号店（线上杂货店）

· 微店（将微型零售商和买家联系起来的网店服务）

· "服务公众号"（为大型零售商设立品牌专卖店，腾讯针对天猫商城的措施）

· "订阅公众号"（为小型和个体零售商提供的增值服务）

支付与金融

· 微信支付（腾讯用以抗衡支付宝的支付平台）

· 微众银行（Webank）（腾讯用以抗衡蚂蚁金服的部门）

媒体

· 微信视频 / 微视（Weishi）（腾讯版 YouTube）

· 搜狗（Sogou）（在线搜索）

联盟企业

· 滴滴出行［类似于优步（Uber）的手机端订车服务，这家公司很特别，因为腾讯、阿里巴巴和百度都拥有滴滴出行的一部分股份］

· 大众点评（美食外卖市场 / 社区）

　　腾讯生态系统的核心是微信。微信拥有 7 亿中国用户，其中 25% 的用户每天要打开 30 多次微信 App。腾讯已经开始将中国线上社区的威力与商业结合起来，形成各种全新的商业模式。

　　其中一个例子就是拥有 350 万名微信粉丝的"罗辑思维"微信公众号。每天，该公众号的订阅用户都会收到一条时长 60 秒的语音信息，内容涉及历史、社会或商业问题，它的内容通常援引自"罗辑思维"微信店铺里的书籍或其他可供出售的产品，可以说是某种有深度的"今日感悟"。微信店铺的链接就在这些每日语音信息旁边，社区用户可以点开链接，购买图书、日历、文具和涉及广泛主题的研讨会的门票。

　　另一个例子则是"童书妈妈"（Kidsbookmama）。它既是一个微信公众号，也是一家由儿童图书出版商运营的微店。幼儿父母免费订阅该公众号，阅读公众号里面的文章和来自社区专家及其他父母的育儿建议。文章内容含有微店链接，点开链接，用户可以为家人购买图书、玩具和食物。

　　除了容纳这些小众微店以外，微信还允许大品牌创建品牌主页供用户订阅；大品牌还可以创建"服务公众号"，也就是为商家提供全方位服务的网上店铺。这些店铺的功能越来越多，包括售后服务、销售、支付和预订等功能。针对产品的实际销售，企业依然借助微信来打造它们的品牌，但会把顾客转移到微信的合作伙伴京东那里购物。腾讯当然不允许企业在它们微信公众号的内容里出现天猫和淘宝的链接，但品牌商别出心裁地避开了这一约束，利用微信的技术漏洞，将天猫链接伪装成其他网站的链接。于是，腾讯和那些想推广淘宝店和天猫店的卖家之间展开了一场艰苦的猫捉老鼠游戏。

阿里巴巴和腾讯都想隔绝对方的生态系统，双方都竭力将自己的服务（比如支付宝或微信）变成行业标准，彼此间的竞争也因此而变得白热化。两者的行业标准之争蔓延到了其他领域，比如出租车预约 App。为了争夺市场份额，阿里巴巴和腾讯分别投资了不少互为竞争对手的公司，损失了数百万美元。有时候，阿里巴巴和腾讯又会联合起来，将外部竞争者拒之门外。比如，它们合并了打车软件服务，以抵御外资企业优步蚕食中国市场，它们联合成立的公司最终还收购了优步中国。然而，两家巨头总是分分合合，危机来临时抱团取暖，天下太平时又分道扬镳。

后起之秀：新的市场进入者和革新者

正当阿里巴巴、腾讯和京东这三大巨头打得不可开交之际，许多后起之秀粉墨登场。这些企业或从事跨境零售，或深耕特色零售，而且背后往往都有巨头的支持。线上杂货购物平台"1号店"就是这样一家企业。作为腾讯和京东的联盟企业，1号店以虚拟店铺为依托，找到了一种驱动杂货销售增长的新途径。1号店并没有经营实体杂货店，而是在地铁站的墙壁上竖起大幅广告画，上面有产品图片和条码，消费者可以用手机扫描条码，将产品添加到自己的购物车里。回到家的时候，他们所买的产品已经在运输途中了。在腾讯和京东所擅长的领域中，1号店很难找到生存空间，其母公司沃尔玛便将1号店卖给了京东，换取京东5%的股权。这样的交易似乎已经成为一种趋势。

"小红书"则是另一家具有创新精神的新兴互联网企业，它创建了一个专注于跨境产品的手机购物和媒体平台。为了判断消费者对产品的需求，小红书采用了类似于品趣志（Pinterest）那样的瀑布流形式展示进口产品，然后计算每款产品获得的点赞数。如果某款产品的点赞数达到一定数量，小红书就将这款产品收入仓库，提醒那些点赞的客户该产品可以出售。不到两年时间，小红书 App 便吸引了1500 万名用户，销售额达 2 亿美元。2016 年，小红书从腾讯和其他投资人那里募集到 1 亿美元资金，其市值据说已经高达 10 亿美元。[8]

手机厂商小米甚至模糊了制造商与电商之间的界线，从成立那天起，小米就把线上销售渠道作为自己的核心零售渠道。小米认为自己并不单纯是一家智能手机制造商，还是一家互联网公司或软件公司。小米的竞争对手苹果公司在经营方面注重保密，从不向外界透露关于新产品的任何细节。相比之下，小米创建了一个规模庞大的在线粉丝俱乐部，这些粉丝都是小米的忠实用户，他们向小米提供一些产品的创意，并就新品设计及时提供反馈信息。

国际品牌的机遇

尽管经济增速放缓，中国仍是全球增长速度最快的消费市场和第二大经济体。与此同时，中国电商的增长速度比其他任何一个国家都要快。对有志于开拓中国市场的国际品牌来说，这两大趋势提供了前所未有的良机。

多年以来，耐克（Nike）、盖璞（GAP）、索尼（Sony）、可口可乐（Coca-Cola）、阿迪达斯（Adidas）、芒果服饰（Mango）、优

衣库（Uniqlo）、法国鳄鱼（Lacoste）和玩具反斗城等一些国际大品牌和大零售商一直在耕耘中国市场。但是，随着中国电商的兴起，能够进入中国市场的就不仅限于大型跨国公司了，小众品牌和厂商也乘着电商的东风进军中国市场，它们带来各种各样的外国产品，从来自美国缅因州的大龙虾到来自斯洛文尼亚的瓶装果汁，应有尽有。

越来越多的西方企业想挖掘中国电商市场的潜力。为了降低这些企业进入中国市场的难度，第三方咨询公司和解决方案提供商迅速崛起，依珀商贸公司（Export Now）就是其中的佼佼者之一。弗兰克·莱文（Frank Lavin）是这家公司的创始人，他曾经担任罗纳德·里根（Ronald Reagan）的白宫助理，后来出任美国驻新加坡大使，还担任过其他一些职位。2010 年，莱文创办了依珀商贸公司，帮助海外的消费品牌将产品销往中国，他本人担任公司的首席执行官。与莱文进行一番深入交流后，我对于国际品牌进入中国市场需要考虑的事项有了一定的了解，其中一些经验教训同样适用于其他新兴市场。

莱文认为，宏观经济统计数字往往低估了中国电子商务带来的机遇。"宏观数字最具欺骗性的一点就是，"莱文解释道，"人们看了一眼人均 GDP 或购买力平价（即消费者的相对购买力）数据，然后说：'你知道吗？这是个贫穷的国家，这是个发展中国家。'以耐克为例。在美国，耐克的市场占有率可能达到 60%，而在中国，它的市场占有率可能只有 10%。但 10% 的人口就是 1.4 亿人，比任何一个欧洲国家都要多。对于耐克来说，那是一个相当不错的细分市场。顺便说一下，如果今年的市场占有率能够达到 10%，明年这一数字将会大幅提升。在中国，那只是一小部分人口。因此，如果

跨国企业以前从未进入过新兴市场，那它们真的要做点调整。"⁹

对小品牌而言，中国可能存在激动人心的机遇。"人口基数实在是太大了，"莱文说，"在小国家，品牌商无法做太多尝试，但中国幅员辽阔，即使你的某个新方案只适合小众市场，但你还是能赚得盆满钵满，因为该市场的消费者绝对数量够大。"

过去，品牌商不会在小众市场开实体零售店，因为有财力、买得起质优价高产品的消费者在地理位置上非常分散，开实体店是种非常不划算的做法。有了互联网，品牌商就可以接触到这些消费者，而不必顾及发达国家市场才需要考虑的消费者密度问题。

"中国幅员辽阔，这是它的最有趣之处，"莱文解释说，若要在中国发展线下零售，那还要较长一段时间，"你不可能在两三年时间里把线下零售发展起来。如果你向耐克或宝洁讨教经验，他们会说：'我们已经在中国市场经营了30来年，如今市场占有率也只有75%。'有些企业明白这一点，它们会说：'如果电商销售额占我们公司在中国市场总销售额的20%至30%，那现在就开始做电商吧，这样我在接下来的5年时间里还可以拓展线下市场。'有些企业就是不明白这点"。莱文告诉潜在客户："作为一种销售渠道，电商是非常强大和节省成本的，你们真的应该做电商。"

他说，让那些企业最难理解的一件事就是，"电商策略可以不依赖于线下营销策略。换作其他市场，没人敢这么说，但从两三年前开始，中国市场就已经开始这样操作了……放在3年前，没人敢说：'我们先把电商做起来。'他们都会说：'只有把品牌和分销渠道建立起来，一切条件成熟之后，电商才能起到锦上添花的作用。电商能够在原来销售额的基础上提升 5 到 7 个百分点……'在你的本国市场，电商仅仅是扩大销售额的辅助手段"，但对于网络销售来说，电商却是主要或唯一的渠道。

西方品牌有着悠久的历史，它们已经习惯于线下经营，想要说服它们关注电商，那可不是件容易的事情。按照莱文的说法："有些企业墨守成规，从不反思自己的海外经营策略和经营方式；有些企业是市场理性主义者，它们会说：'让我们仔细考虑一下。'所以说，我要先问它们对什么特别感兴趣，如果它们只对线下销售感兴趣，那就不要谈电商。因此，我们的大部分工作都是在引导企业，我们只能说：'如果你做好了做电商的准备，我们随时可以合作。顺便说一句，也许你现在就已经具备做电商的能力了。'"

想要引导企业，首先得向它们证明中国市场需要它们的产品。"有时候，你只要说它们的哪些竞争对手已经通过电商进入中国市场就可以了，"他说，或者告诉客户哪些有着类似价位、吸引力和消费行为的品牌已经在中国的电商渠道销售产品。还有的时候，"我们告诉客户：'你的品牌已经出现在中国市场了，淘宝上到处都在卖你的产品。你不妨让顾客从正规渠道购买产品，这样才能体现出品牌的全部价值，可别让那些水货毁了你的品牌形象。'"[10]

从很多方面来说，"平行进口商品"①是淘宝销售增长的最大驱

---

① 平行进口是未经相关知识产权权利人授权的进口商，将由权利人自己或经其同意在其他国家或地区市场上投放的产品，向知识产权人或独占被许可人所在国或地区的进口。由于这种未经许可的进口往往与正式许可的进口平行，故被称为平行进口。——译者注

动力之一。一些创业者专门到国外购买国内买不到的产品，满载而归，再把这些产品卖给中国顾客。淘宝上的平行进口商品的确促进了天猫商城的成长，让授权经销商和品牌商有一个能够出售产品的地方。

各品牌商对这些平行进口商品反应不一。莱文说："每家企业都有不同的经营理念，有些企业会很直白地说：'我们不介意。在商言商，如果有人愿意每个月去趟曼谷，买一大袋化妆品回中国销售，我觉得这种做法没什么不妥。'而有的企业则会说：'不可以这样做，这样我们既无法保障产品品质，也无法控制定价，更无法诠释品牌形象和以正确的渠道向市场推出合适的产品。我们不喜欢这种做法，不想把分销渠道外包给第三方。'"

莱文告诉品牌商："在这个市场中，品牌是有活力的，你迟早要控制好这股活力，否则就有可能出现冒牌货。水货与冒牌货之间只有一步之遥。"那些每个月去趟曼谷购买一千瓶面霜的人终究会想明白一件事情：他们可以自己生产这些瓶子，然后以次充好；又或者曼谷的经销商卖的是过期或储存不当的面霜。"其实你这是在虐待自己的产品，而不是保护它，"莱文说，"企业有一万个理由进入那条供应链，而不是视若无睹。"

许多品牌在中国的产品定价高于在其他国家，而平行进口商削减了品牌产品的进口价格，这正是这些商品异军突起的主要驱动力。但在互联网时代，这个问题早就过时了。莱文说："过去，由于信息缺乏透明度，品牌通常按国别定价，不同国家市场之间有30%至50%的价差。而现在，你可以很容易获得不同国家的价格信息，并利用平行进口的方式套利。所以，顾客开始对品牌反戈一击。我告诉品牌商，在差别定价这件事上要慎之又慎。中国消费者会上网查看价格，然后说：'既然我可以花 20 美元从美国买到这瓶面霜，那又何必多送你几百块人民币呢？一旦被消费者认为你在进行价格欺诈，你的品牌形象就会受损。'"[11]

在中国开网店的做法会与品牌传统或品牌在母国的经营模式产生某些冲突，但一想到中国市场的巨大潜力，品牌商和零售商往往会忽略这些风险，一头扎入。那么，进入中国市场之前，品牌商应该注意哪些事项呢？我建议品牌商先做好以下准备工作。

研究市场需求。看看数以千计的海淘客们是否已经在淘宝上销售你的产品。按照莱文的建议，最好再研究一下竞争对手和竞品，看看类似产品是否已经出现在中国线上市场。

确定以何种方式进入中国市场。这里的关键问题就是："我应该通过跨境贸易将产品销往中国呢，还是应该在中国组建一个团队？"很多企业已经在中国建有分支机构，这个问题自然迎刃而解。不过，那些还没有中国团队的品牌商也不必大费周章，现在就可以开个网店，通过电商将产品销往中国。

天猫商城已经率先实践了这种做法。在天猫国际，国外品牌商可以在本国经营网店，它们将仓库设在中国境外，接到订单后，将产品从本国运送到中国消费者手里，顺利履行订单。经营天猫店铺与经营企业自家的 B2C 网站相差无几，品牌商可以全程把控产品设计、运营、订单执行和物流等环节。

在中国建立运营机构之前，通过试水天猫，国际品牌能够在最大程度上降低产品滞销所带来的库存风险，削减大规模投入而产生的先期成本。如果企业发现自己的产品在天猫上很畅销，它们可以加大投资。以前，有些国外品牌商在中国投入数百万美元建厂，结果却发现中国本土消费者并不喜欢它们的产品，但这样的时代已经一去不复返了。

尽管如此，你还是要做一些财务投入。为了剔除一些规模较小或投入不大的跨国零售商，天猫规定卖家必须交一定数额的定金。天猫不仅用这笔定金来确保卖家履行交易职责，也以此激励卖家尽量加大投入；如果卖家能够达到客户满意度标准和一定的销售量，天猫会逐渐返还这些卖家先期投入的费用。此外，卖家的网店上线后，还要向天猫缴纳促销费用，比如能够带来流量的关键字广告费。最后一点：根据产品的不同类别，天猫要收取 0.5%~5% 的佣金。这不算一笔小数目，但绝大多数品牌商觉得，与实体店相比，网店已经节省了大量开支，所以这笔费用微不足道。

京东和微信也急于赶这股潮流，向跨国零售商提供类似的服务。天猫已经抢得先机，跨国企业认为天猫更容易合作一些，但京东和微信必定会加大在这块业务领域的投入，尽全力挑战天猫的霸主地位。尽管中国与关税和跨境贸易相关的政策有所反复，但总的来说，中国政府一直都是鼓励跨境贸易的。

品牌商是否可以独立开网店，不受阿里巴巴、腾讯或京东的制约呢？当然了，任何事情都是有可能的，但这样做的话，你很难取得成功。如果不是在某些或所有主流平台上开网店，你的店很难产生流量。很多品牌都尝试过独立开网店，但最终还是决定将自己的店铺转移到主流平台上。

选择第三方合作伙伴。中国电商平台的崛起，催生了一个由服务提供商构成的巨大生态系统，该系统帮助中国本土品牌和跨国品牌创建和管理它们的网上商店。在电商行业，这些服务提供商被称为"淘拍档"（TP，TaoBao Partner）（这是一个新词，即"淘宝合作伙伴"的英文单词首字母组合），而且获得了阿里巴巴和天猫商城的认证。淘拍档从事电商的起点不同，也为这个行业注入了截然不同的力量。有些淘拍档成立之初是数字化营销机构，后来跟随客户进入了电商行业，比如 Web2Asia；有些淘拍档更偏重于物流，专门迎合像耐克这种走量客户的需求，为其提供规模化物流和仓储服务，比如因经营规模不断扩大而在 2015 年上市的宝尊电商（Baozun）；还有些淘拍档则是类似于依珀商贸这种提供一站式服务的企业，它们能够帮助大品牌做好与网店相关的所有工作。淘拍档还能帮助你确定哪个平台最适合你的产品，正如莱文所说的那样："京东在个人电子设备和电器方面确实有独到之处，其他产品领域则属天猫最强。除了这两家以外，还有些垂直领域的专业公司，但总的来说，我认为天猫将成为绝大多数（国际）品牌所青睐的平台。"

确定你需要配置的资源。对品牌商而言，需要投入多少资源才能在中国做电商？这个问题不能一概而论。总体而言，电商投入比实体零售店要少一点，但比单纯建个网站要多一点。要想从诸多竞争对手当中脱颖而出，有几方面的花销是避免不了的，比如购买线上推广服务和关键字广告，让品牌产品出现在市场搜索结果列表的更显眼位置。在西方电商平台，品牌商无须提供太多产品图片和视频，中国市场则不一样，中国的网购消费者想获得更多与产品相关的虚拟"触摸感"。此外，绝大多数商家要通过在线留言的方式向买家提供直接的讨价还价服务和其他客户服务，这要求商家必须招聘和培训员工，为网购消费者提供服务。

启动、改进、成长。在中国开网上零售店的好处在于，店铺的规模随着业务的增长而扩大，商家能够控制这个过程中的风险。国际品牌可以通过跨境贸易的方式进入中国市场，将网店的大部分运营工作外包给第三方淘拍档。随着销量一路攀升，品牌商可以根据客户提供的反馈扩大营业规模，继续招聘本土客服人员。随着时间的推移，品牌商便可以确定将哪些运营工作外包，又将哪些运营工作留给公司内部完成。值得一提的是，绝大多数品牌建设工作可以通过数字化方式完成，也就是说，你完全可以在线上尝试和改进品牌建设，而不必在线下花大笔钱去做这件事。正如莱文所说的那样："在中国，品牌的推广和诠释大部分都是以数字化方式完成的。"借助微博、微信和优酷视频，"消费者在网上吸收了与品牌相关的所有信息，"他指出，"线上不仅仅是一个获取收益的渠道，还可以诠释品牌形象。"[12]

山寨货

一位来自欧洲的品牌经理曾对我说："我们想在中国做电商，但又担心被山寨货抄袭。我们应该采取什么措施来保护自己的品牌？"事实上，在中国市场，假冒伪劣产品一直屡禁不止，即使跨国品牌还没有将产品销往中国，那里也可能已经出现仿冒这些产品的山寨货了。但我认为，今时今日的电商平台更多时候是在解决问题，而不是制造问题。

在媒体的大肆宣传之下，你可能不是这么想的。作为最大的电商企业，阿里巴巴很容易成为媒体攻击的目标。由于淘宝网上出现诸多卖山寨货的商家，它一直承受着巨大压力。不过，这样的局面正有所改变。诸如天猫商城和京东商城等 B2C 商城的出现，已经有效地开辟出一块"杜绝假冒伪劣产品的地带"，在这里，品牌商和消费者都很清楚，他们售出和买到的产品都是正品。

现在，天猫商城的买家几乎不会买到假货。假如消费者真的不幸买到了假货，也将会获得天猫商城给予的高于商品价值的赔偿。如今最大的问题在于买卖双方自愿交易假冒产品。我认为，要想彻底解决这个问题，只能寄望于中国政府加强立法，将违法者绳之以法。2017 年，阿里巴巴已经开始呼吁中国政府加强打假执法。与此同时，阿里巴巴在发现平台上的一些商家售卖假冒伪劣产品后，把自己的客户告上了法庭，这种方式有助于震慑山寨产品卖家。

结论

正在不断进化的中国电商环境是动态且复杂的。为了帮助读者认清中国电商的发展方向，我将我认为非常重要的一些关键点进行了汇总。

中国的线上零售已经超越了西方。多年来，分析家们一直想象着中国零售体系有可能会跳过西方几百年来所经历的发展、合并和成熟这一漫长演变的过程，直接跳到线上零售。事实也是如此。如今，中国已经成为全世界最大的电商市场；据预测，到 2020 年之前，电商销售额将占中国零售总额的 21.5% ~ 25.5%。[13] 这要求企业摆脱美国和西欧的零售业发展史所带来的思维桎梏，接受中国电商已经进入全新阶段、旧规则不再适用这一事实。线上零售不再是产品销售的附加渠道，而是企业研发产品、塑造品牌以及推广产品的核心手段。只有敞开心扉，接受全新的理念，才能应对风云变幻的市场。

中国电商的创造性大于破坏性。"创造性颠覆"是当下很流行的一个词语。科技创业者以善于进行创造性颠覆而著称，他们打破了传统的做事方式，非但不同情那些受他们影响的人，反而对自己的创造性破坏力引以为豪。最明显的例子就是优步。这家公司有一位敢于冒险且盛气凌人的首席执行官，他发明了一项令客户喜爱的服务，但对于数以百万计生计无着落的出租车司机，优步几乎没有表现出任何同情心。

西方的线上零售业在很多方面与此并无二致。贝索斯对小型独立书店毫无怜悯之情，大型连锁书店就更不用提了。亚马逊彻底击败了它们的商业模式，传统书店纷纷关门大吉。贝索斯却辩称："改变图书行业的不是亚马逊，而是未来。"[14]

就中国和整个新兴市场而言，线上零售的创造性远大于破坏性。电商创造了机遇，驱动偏远地区的消费，而不仅仅是破坏旧有的商业模式。

2013 年，当电商正逐渐成为中国社会的一种常态时，麦肯锡咨询公司（McKinsey & Co.）发现，网购并不是取代线下购物那么简单，相反，电商"似乎真的刺激了中国的消费增长；尤其在那些低线城市，人们的购物需求被压抑多年，他们买不到无法寄送的实体店铺的商品，而电商恰好满足了这些需求"。麦肯锡公司考察了266座城市，发现这样一个事实：在整个中国，61%的电商交易额源自网络购物，但占比较大的另外39%电商交易额却是源自新兴的消费方式，倘若没有电商，这种消费方式根本不会出现。在三四线城市，电商所带来的影响更为显著：57%的线上消费属于额外开支，只有43%的线上消费取代了线下支出。根据麦肯锡公司的估计，电商使中国的个人消费增长了2个百分点，完全响应了中国政府转变经济增长模式的目标，即从过分依赖出口转变为由内需拉动经济增长。

此外，麦肯锡公司认为，电商已经培育出了一个规模达130亿美元的全新产业，该产业的参与者包括在线广告与支付系统服务提供商、仓储服务提供商、快递服务提供商、信息服务提供商，它们都是线上零售商经营网店的支柱力量。[15] 由此可以看出，电商对经济的建设作用远大于破坏作用。

集市平台是中国电商的主宰者。将近90%的中国线上零售活动是在集市平台上完成的，而在西方国家，这一比例只有24%左右。由此可得出什么结论呢？结论就是：你可以创建自己的品牌店或零售网店，但如果你想接触到买家，还是得借助集市平台。

中国电商生态系统正在孕育创新型商业模式。把你所了解到的关于亚马逊、eBay和西方顶尖零售商的一切信息抛诸脑后，中国线上零售商的网店包罗万象，既有社区，又有社交媒体和社会名流，让人很难分辨这些功能之间的界线。在印度和东南亚等其他新兴市场，这些商业模式很可能会流行起来。

跨境电商是一个巨大的商机。淘宝早期的成功离不开那些勤奋的海淘创业者。他们从国外购买产品，然后通过自己的淘宝店铺将产品卖给国内消费者。海淘现象源自两个驱动因素。首先，中国进口货物的关税（尤其是奢侈品关税）往往高达100%，因此为了避税，小商贩会专门前往香港进货，或者在海外旅游时把自己的箱子装满外国产品。其次，淘宝允许买卖那些消费者在国内买不到的产品。因此，在国外的中国留学生可能会偶然发现某款能够吸引中国消费者的产品，然后开个网店，从中国境外销售这款产品，但不会引起海关的注意。零售商有时候会发现，它们在美国市场的大部分线上销售产品被转移到了中国，成为中国电商的线上销售产品。

这些水货和平行进口商品让品牌商头疼不已，只要在中国网站上看到这些商品，品牌商就会认为它们是假货或非法进口商品，第一反应往往是想消灭它们。没错，中国消费者很渴望买到这些来自原产地的进口产品，他们觉得这些都是正品，比在中国买到的产品质量要好得多。这种心态在婴儿配方奶粉等食品和健康安全产品上体现得尤为明显，因为中国发生过几次食品安全丑闻，中国消费者被迫从海外寻找安全的食品来源。

贝恩咨询公司（Bain & Company）预测，中国的跨境零售额未来将以每年30%的速度增长，2020年之前将达到1万亿人民币的规模。[16]跨国零售商可以不在中国开设实体店，只需创建中文网站，通过虚拟店铺就能将自己的品牌产品销往中国。不过，除非它们已经在中国树立了品牌形象，否则最好还是通过天猫国际或京东这样的集市平台打入中国市场，因为这类平台能够让品牌有效地接触到中国消费者，而不必建立本土化的分销机构。

未来趋势

中国经济增速放缓，但电商依旧保持强劲的增长势头。也许中国的国内生产总值（GDP）增速正在放缓，但消费者的购买力依旧强劲。根据波士顿咨询集团（The Boston Consulting Group）的预测，到 2020 年，即使 GDP 增速下降到 5.5%，中国消费总量仍将增长 2.3 万亿美元。它还预测，电商将占该消费增长量的 42%，其中 90% 的增长来自移动电商。到 2020 年，个人在线消费将以每年 20% 的速度增长；相比之下，线下消费的年增长率只有 6%。[17]

与西方国家相比，中国更需要发展"线上到线下"零售模式。中国消费者对智能手机的喜爱将使"线上到线下"（O2O）零售模式在中国零售市场的占比大于美国和欧洲市场。零售商将线上营销与线下实体店销售相结合，能够触发消费者的购买冲动，诱导消费者组团购买商品。想象一下这个场景：有这么一群朋友，他们都喜欢用手机上网，又都喜欢在同一家连锁餐厅就餐，而且这家餐厅开设了微信公众号。有一天，他们在街上闲逛，街上到处都是餐厅。突然，他们的手机收到了一则通知，称如果有 6 人或 6 人以上组团到该连锁餐厅的分店就餐，就可获得 8 折优惠。这就是典型的 O2O 场景。又或者，零售商可以通过线上信息告诉消费者：只要带朋友到实体店买鞋，便可获得买一赠一的优惠。社交媒体与手机的结合，将使中国的 O2O 零售强于其他国家。

对电商从业者而言，中国的低线城市（lower-tier cities）蕴藏着丰富的机会。 麦肯锡公司预测，至 2025 年，中国将有 220 座人口超百万的城市。然而，中国的实体零售商才刚刚开始在东部沿海一线城市的郊区开店。低线城市的中产阶级数量不断增长，他们积累了大量财富，在当地却没有可以花钱的地方，这也就难怪他们会上网购买自己需要的商品了。事实上，中国四线城市的消费者把自己 27% 的可支配收入用于网购；相比之下，一线城市居民的网购金额只占可支配收入的 18%。[18]

中国传统零售店将是线上零售业的有益补充，而不是竞争对手。 最近我去了趟中国，我走进一家位于繁华商业街上的新购物中心，想找几家专门的店铺。结果，眼前的一幕让我惊呆了。虽然商场一楼入口落地窗旁停放着一辆豪华轿车，但这座五层楼高的购物中心完全被小餐馆和小吃铺所占据，零售商店踪迹难寻。显然，几年前购物中心的业主审核商场的蓝图时，并没有预料到电商竟如此发达。

事实上，与西方国家相比，繁荣的中国电商对传统零售业的影响更大。在欧美国家，诸如伯德斯书店（Borders）和百思买（Best Buy）等有着悠久历史的大卖场已经意识到自己赶不上电商时代的步伐了。但是，中国的零售商还有时间用电商思维进行自我改造，比如：开设一些用来展示商品的小店面，让消费者能够触摸和感受商品；如果消费者想在回家路上给自己的爱人送一份惊喜大礼，他就可以通过手机下单，而不必拿着一只丑陋的纸箱回家。

随着时间的推移，假冒伪劣产品会越来越少。 早在电子商务出现之前，中国的假货问题就已经非常严重了。但是随着互联网的兴起，商家和山寨厂都利用淘宝和其他交易平台销售假冒伪劣产品，假货问题就变得更加严重。作为中国最大的上市电商企业，阿里巴巴因此饱受品牌商和国外批评家的责难。尽管淘宝专门安排了 2000 名员工删除产品列表中的假货，但只要在淘宝上随意浏览几秒钟，人们就能在列表上找到只卖 30 美元的古驰（Gucci）和巴黎世家（Balenciaga）的手提包，价格低得可疑。

归根结底，假冒伪劣产品是个大问题，但即使这个问题得不到解决，品牌商也能在中国市场赚得盆满钵满。

中国政府和关键利益相关方会继续支持电商的发展。基于上述原因，中国的公共利益相关方，尤其是中央政府和地方政府，基本不会阻挠电商的发展。由于中国政府倾向于支持电商，所以与欧洲或美国等成熟零售市场相比，电商在中国市场遇到的障碍要少很多。快递行业吸收了大批下岗的外来务工人员；创业者在网上开店，随着网店规模扩大，他们又不断招聘新员工；电子商务正在催生新的消费模式。这些强大的推动力将促使中国电商继续前进。

当然了，如果唐纳德·特朗普（Donald Trump）发动贸易战的话，这一切都会改变。特朗普就职前两周，马云赴美国与特朗普会面，此举无疑就是为了避免贸易战的发生。在特朗普大厦（Trump Tower）外，马云和特朗普宣布将展开合作，鼓励美国企业通过阿里巴巴的购物网站将产品出口到中国，从而在美国创造 100 万个就业机会。假如美国和中国打贸易战，中国政府就有可能对电商，尤其是跨境电商采取更严苛的管控措施。但至少到目前为止，中国政府对跨境贸易表现出接受而非拒绝的态度。

奢侈品牌将越来越多地出现在中国的购物网站上。在欧洲旅行期间，我经常听到奢侈品公司的高层这样说："我们不通过互联网，尤其是线上交易平台销售产品，因为这样会稀释我们的品牌价值。"他们的这种想法很容易理解。在西方国家，低价和便捷性是很多人网购的主要动机。为了优先满足这些客户的需求，零售商才会创建网站。而在亚马逊或 eBay 这种可以买到二手佩兹糖果盒的交易平台，爱马仕（Hermes）围巾是很难卖出去的。

但中国的品牌体验完全是另外一码事。消费者首先从网上听说和了解品牌，然后在网上体验品牌。因此，他们也应该从网上购买品牌产品，这是唯一合乎逻辑的结果。不说别的，只要看看许多土生土长的中国时装品牌，我们就知道是怎么回事了。这些品牌最初在淘宝开了一家网店，然后逐渐成长为卓越的品牌，销售额达数百万美元。既然有人从零开始在网上创立了一个全新的品牌，并获得那么人的成就，那么，知名品牌肯定也能找到一些方法在网上讲述自己的故事，同时品牌魅力也不会遭到稀释。

网购消费者的品牌意识越来越强，逐渐从购买低价的非品牌产品转向购买品牌产品。省钱不再是他们网购的主要动机，这对品牌商来说是个好兆头。

二手商品市场将成为中国最重要的线上市场。没错，也许我们应该重新审视一番早已过时的 eBay 拍卖模式。拍卖模式之所以在中国行不通，主要原因在于中国市场的二手商品供应量不大，但多年的购物狂潮过后，中国的小家庭已经积累了大量产品。不难想象，二手商品市场将会卷土重来。

电商将继续改变中国农村的面貌。 1978 年，中国向外资企业开放市场，接下来的改革开放让农民成为第一批富裕起来的人。但是，农村建设很快便落后于城市。摩天大楼在中国城市里拔地而起，城市的基础设施不断得到改善，很多农村地区却依旧保留着落后的面貌。当互联网风潮开始席卷中国时，数字化时代仿佛在中国的城市和农村之间竖起了一道厚厚的围墙，而且这道围墙并不亚于现实世界中的城乡差距。

但是，事实已经证明，电商把中国分布广泛的农村地区联结了起来，农村经济因此而转型。来自农村的卖家首先感受到了电商所带来的影响。一些刚毕业的大学生回乡开网店，把家乡的农产品、手工艺品和小型工业产品放到网上卖，"淘宝村"应运而生。阿里巴巴表明，一个村庄中有至少 10% 的家庭从事电商，或者该村庄的村民开了 100 家活跃的网店，这个村庄就可以被称为"淘宝村"。截至 2015 年，中国的"淘宝村"数量已达 780 个。[19]

阿里巴巴、京东和其他电商还在中国农村建立了大量配送中心，为城市消费者配送产品。阿里巴巴承诺投资 16 亿美元，用 3~5 年时间在中国农村建立 10 万个服务中心。到 2016 年上半年为止，阿里巴巴已经在 29 个省份建立起了 1.6 万个服务中心，这些中心由当地的独立创业者运营，与亚马逊在美国建立的配送中心完全不同。阿里巴巴的农村服务中心提供互联网接入服务，并对消费者和企业进行培训，将电商带给没有上网条件的用户，帮助他们通过阿里巴巴的交易平台买卖产品。根据阿里巴巴提供的数据，农村用户在

2015 年下单购买产品或接受订货的包裹数量达到 70 亿件，比 2014 年增长了 55%。那些有条件上网的农村用户都是用手机上网的，这一点倒不足为奇，因为中国 60% 的电商交易额都是消费者用手机完成的。[20]

其他新兴市场可以复制中国农村的经验，帮助农村地区摆脱贫困。通过服务中心和销售代理，即使是无法上网的地区或文盲比例较高的地区，也能收获电商带来的经济效益。

"当日送达"可能很快就会在中国成为现实。京东和阿里巴巴之间的竞争使物流行业得到长足发展。阿里巴巴制订了一个目标，要在 24 小时内将商品派送到中国任何一个地方。京东也树立了同样的目标。这个目标不仅有实现的可能性，而且成本在可承受范围之内，因为中国快递行业的劳动力成本非常低。中国的 118 万名快递员以男性为主，他们的年纪通常介于 20 岁到 30 岁之间，而且以外来务工人员居多，平均薪水为每天 20 美元左右。没错，按照西方国家的标准，20 美元的日薪低得可怜，但对于那些在农村找不到出路、进城寻找入门级工作的年轻人来说，这份工资已经相当不错了。有一件事是肯定的：除非快递员工资上涨，否则的话，无人机在中国只能用作宣传噱头，根本别指望它为电商投递货物。

中国电商生态系统形成了一个良性循环，产品和品牌能在这样的环境中茁壮成长。普及的电商、无缝对接的电商基础设施、具有浓郁社交色彩和极高参与度的消费者基础，以及较低的产品制造成本，这几大因素共同形成了一个良性循环，在互联网上孕育出享誉全国甚至全世界的新品牌和新产品。诸如小米手机这样的国内品牌，正越来越多地借助线上社区的力量，从用户那里获取产品改进建议。它们对自己的铁杆粉丝进行线上消费者调查，建立论坛，测试原型机，然后对产品稍做调整，便迅速推向市场。有"世界工厂"之称的中国赋予品牌强大的优势，因为它们可以在中国境内完成产品的构思、设计、测试、制造和销售全过程。

该良性循环将使中国较亚洲其他国家更具相对优势。线上零售作为线下零售的配角的日子已经一去不复返了，如今，它已经成为中国向前发展的驱动力。中国是其他新兴市场的榜样，接受电商者将受益良多，而拒绝电商者则后果自负。决策者不仅要打造一个坚实的互联网基础，提供快速、可靠、廉价的互联网接入服务，还应该考虑采用法律手段，加快电商的普及，而不是阻碍它的发展。当然，实体零售商和那些想靠地租拉动经济增长的政府官员会抵制电商，但平稳、一体化的电商生态系统对于打造一个高效的经济体是必不可少的。中国的电商系统已经相当完善了，相比之下，其他新兴市场仍处于蹒跚学步的阶段。

SIX BILLION

SHOPPERS

第四章

印度，下一个大型市场

> 在美国，电商是甜点；在中国，电商是
> 主食。
>
> ——马云

> 在中国，电商是主食；在印度，它是一
> 顿由七道菜组成的大餐。
>
> **——桑迪普·阿加瓦尔（Sandeep Aggarwal），**
>
> **印度 ShopClues 购物平台创始人**

正当我们的"达巴"（dabba）^①就要顺利送达时，一只猴子跳到它上面。这位愤怒的不速之客抓住达巴的提手，想把盖子打开，去抓里面的食物。我们想哄诱它下来，却无济于事。它在上面上蹿下跳，挥拳打任何想靠近它的人。我们只能恳求驯养这只猴子的乞丐把它弄下来。猴子终于跳了下来，盒子里的午餐完好无损，我们又可以继续把午餐送往附近的写字楼了。

印度人曾经说过，在印度发展电商，最大的障碍在于物流。为了深入研究物流问题，我决定花一个下午的时间跟随孟买著名的"达巴瓦拉"（dabbawalla）——也就是送饭工——实地学习。孟买的达巴瓦拉每天要为全市的上班族准时准点运送13万份饭盒，让他们吃到自家烹制的、符合他们社会地位和宗教信仰的午餐。

"达巴瓦拉"是一个组合词，其中"达巴"指的是饭盒，而"瓦拉"指的是"运送货物之人"。100多年来，达巴瓦拉一直穿梭往

---

① 意为"饭盒"。——作者注

来于孟买市郊和市中心，将午餐从上班族家里送到他们的办公室。如今，达巴瓦拉已经以协会的形式运营。2015 年，印度最大的电商平台 Flipkart 与一个达巴瓦拉协会合作，由后者为其提供到户交付服务。[1]

印度人信仰各种宗教，而每种宗教都有各自的饮食限制，比如：孟买的穆斯林不吃猪肉；印度教徒不吃牛肉；耆那教徒不吃任何肉类，甚至连洋葱、土豆和大蒜都不吃。此外，上班族认为外卖食物既不卫生，价格又贵，还是家里做的饭菜安全实惠。达巴瓦拉恰恰满足了上班族的这些需求。他们将上班族家里做好的饭菜送到工作地点，每个月只收取大约 10 美元费用。

这个快递体系的效率出奇的高。

5000 名达巴瓦拉经营着这个呈中枢辐射型的快递体系，饭盒犹如接力棒一般在他们之间传递着。饭盒上标注有颜色代码标志、数字和字母，表示收货点和交货点。这个快递网络因其高效率和低出错率而受到全世界的关注，理查德·布兰森（Richard Branson）[1]和哈佛商学院等个人和机构都对达巴瓦拉进行过研究。

那天，我是从快递主枢纽之一的基督教会（Christchurch）火车站开始跟随达巴瓦拉送饭盒的。午餐时间即将到来，达巴瓦拉们穿过拥挤的人群，迅速走出了站台。他们穿着干净的白衬衫，头戴传统的甘地帽。有些人拿了多达 30 个饭盒，小心翼翼地举在头顶上。

从车站出来，我跟随一名达巴瓦拉走过一个街区，来到一段人

---

① 维珍航空创始人。——译者注

行道上。他把东西放下来，开始分拣饭盒。

我的导游兼翻译维伦·德·萨（Viren de Sa）安排我跟随一位名叫安尼尔·巴格沃特（Anil Bagwhat）的职业达巴瓦拉参观学习。就刚才遇到猴子的事，我问巴格沃特："这种事情经常发生吗？"他看上去镇定自若。"干我们这一行，经常会遇到一些意想不到的事情，"他答道，"有机会的话，我可以把我的经历写成一本书。"

我们把饭盒装在袋子里，然后肩扛着袋子走向附近的写字楼，饭盒上的标志告诉巴格沃特怎么走。他走进附近一座写字楼，把袋子放在办公室外面的前台上，员工们顿时蜂拥过来领饭盒。"达巴瓦拉是孟买唯一守时的人，"维伦告诉我，"其他人都不那么守时。"

午后的阳光让我们感觉相当惬意。看得出来，与那些伏案工作的上班族相比，达巴瓦拉的生活更有吸引力。"我已经在这里工作了28年，这就是我的生活，"巴格沃特对我说，"我父亲是农民，我很小就来到了孟买，不知道干什么工作。我哥哥是达巴瓦拉，所以到了15岁的时候，我也成了一名达巴瓦拉。这份工作很好玩，因为我每天都可以和自己的朋友在户外奔波，就算刮风下雨我们也继续工作，只要披件雨衣就行了。这就是我的生活，他们就是我的家人。"

不过，这种生活也挺辛苦的，巴格沃特不想自己的孩子继续做达巴瓦拉。尽管工作有保障，而且受人尊重，但达巴瓦拉的月薪只有200美元。"我女儿在学习药理学。我很喜欢这样的生活，但工作确实很辛苦。"他对我说。

这一切跟电商有什么关系呢？达巴瓦拉的成功表明，印度的物流问题是有可能解决的。物流难题由很多复杂的因素构成，收货地址不准确便是其中一个重要因素。

地址问题是我在印度寄包裹时注意到的。印度的地址经常带一些描述性的字眼，比如"寺庙后面"或"猴面包树旁边"。维伦告诉我："印度的街道名称很复杂。"在某些城市，有几条街道的名称是一样的。印度的每座城市都有一条街道叫"圣雄甘地大道"（Mahatma Gandhi Road），有些城市甚至有 5 条同名街道。街道更名的频率和印度政府更换官员的频率一样高。许多街道名称很难拼写，而且人们往往不知道某条街道的正式名称。"如果我说'滨海大道'（Marine Drive），很多人都知道这个地方，"他说，"但如果我说出它的正式名称'内塔吉·苏巴斯·钱德拉·鲍斯大道'（Netaji Subhash Chandra Bose Road），恐怕没人知道它在哪里。所以，大家觉得用地标建筑代替地名更好一些，因为地标建筑是不变的。"

这个问题在印度农村更加复杂。与中国农村建设采取集中管理的方式不同，印度农村毫无规划可言，因此，很多人的房子根本没有地址。

确实，除了面临中国经历过的所有问题之外，印度还要解决一大堆难题。电商在印度，是一顿由七道菜组成的大餐，不像在中国市场中只扮演着主食的角色。电商若要在印度大行其道，每一个环节都要有解决问题的方案或有所改善，其中最亟须解决的便是物流问题。不过，挑战越大，机遇也就越大，中国市场如此，印度市场也是如此。印度已经成为全球电商的主战场。

争夺印度市场

2016 年 1 月，孟买的某个早晨，我一边吃着多莎薄饼（dosa），一边看着当地的报纸。那份报纸的头版告诉我，我正身处全球电商的中心。报纸讲述了一些它称之为"印度电商强势崛起"的故事：Snapdeal 刚刚融资 2 亿美元，公司估值达到 70 亿美元；手机支付提供商 Paytm 准备投入巨资进入智能手机支付市场。这些报纸标题还宣称，印度最大的电商交易平台 Flipkart "想仿效阿里巴巴"，准备与全球电商巨头过过招；eBay 也正在向印度市场注入资金。

然而，这股狂热不仅仅体现在新闻标题上。报纸还用整版广告推销由主流电商网站发起的线上促销活动；从机场到孟买的高速公路旁，遍布着亚马逊印度的广告牌。即使是卡巴迪（kabaddi）[①]的爱好者也躲不开电商广告，因为 Flipkart 赞助了由电视台直播的卡巴迪职业巡回赛。时间仿佛又回到了互联网最为繁荣的 1999 年，印度电商就像开派对似的用投资者的钱大张声势地打广告。

显然，印度已经成为全球电商巨头的必争之地。到 2016 年为止，跨国电商巨头齐聚印度，亚马逊、eBay 和阿里巴巴都在扶持当地的代理人；而已经在其他新兴市场资助电商的投资机构也在不断往印度注资，其中便包括南非报业集团、软银集团和火箭互联网公司。到了 2017 年，脸书、微软和腾讯也加入了印度电商市场的竞争行列当中。中国的电商发展史已经证明了电商能够在新兴市场茁壮成长，

---

① 印度式的"老鹰抓小鸡"游戏。——作者注

谁也不想错过"下一个中国市场"。

从表面上看，它们有充分的理由涌向印度。印度不仅拥有最受关注的新兴市场，还拥有全球最热门的电商市场。虽然"金砖五国"[①]其他成员国的经济增长正在放缓，甚至有衰退的趋势，但印度一直保持着强劲的发展势头，经济增速高于以往任何时候。这一点在孟买的城市轮廓线上体现得最为明显。走在孟买街头，目光所及之处都是尚未竣工的摩天大楼，大楼上空高悬着起重机吊臂。2016 年年初的孟买让我想起了 20 世纪 90 年代初的上海。

人们对印度的未来充满了乐观精神，认为属于印度的时代正在到来。中国繁荣的出口业使印度总理纳伦德拉·莫迪（Narendra Modi）受到启迪，他致力于将印度打造成一个能够挑战中国地位的新兴制造中心，从而帮助工人阶级摆脱贫困。印度政府专门在孟买设立了鼓励创新和外国投资的"印度制造周"（Made in India Week），为了迎接这项盛事，整个孟买市挂满了庆祝标语和广告牌，洋溢着浓郁的节日气氛。

与世界经济隔绝多年之后，印度也许将要发挥出自己的全部潜力，印度人对此翘首以盼；而在电商领域，他们的兴奋之情表现得尤为明显。就在一年前，莫迪发起了一场"数字化印度"（Digital India）运动，加快印度进入互联网时代的步伐。价格适中的智能手机纷纷上市，使印度每月新增数百万的互联网用户，甚至连印度内陆地区也接入了互联网。

---

① 指巴西、俄罗斯、印度、中国和南非。——作者注

虽然科技在进步，但印度的商业模式已有几百年的历史，这些传统模式影响着科技在印度市场中的应用。

从孟买集市到 Baazee：印度电商的历史背景

孟买人潮涌动的集市，让人觉得仿佛这个国家的所有人口都挤进了几条狭窄的巷子里。商人和购物者头顶着毛毯、衣服、玩具和大袋货物在人群中蜿蜒前行。摩托车和汽车也在集市里任意穿梭，为了在人海中挤出一条路，司机拼命按着喇叭。行人穿着颜色鲜艳的纱丽或黑色的布尔卡长袍，甚至是紧身牛仔裤。牛随处可见，它们懒洋洋地躺在树荫底下，小口嚼着青草，或者在垃圾堆里翻寻食物。

大约 2000 年前，这个如今被称为"孟买"的城市只是一片由 7 座岛屿组成的区域，岛上只有渔民居住。从公元前 200 年左右到 14 世纪，这些岛屿受各个印度教王朝统治。后来，来自古吉拉特邦（Gujarat）的穆斯林商人控制了这片区域。1534 年，葡萄牙人占领了孟买，因为他们需要一个港口来推动香料贸易。1661 年，葡萄牙公主凯瑟琳（Catherine de Braganza）嫁给了英国国王查理二世（Charles Ⅱ），作为嫁妆的一部分，孟买被送给了英国人。1668 年，查理二世将这些岛屿租给东印度公司（East India Company）。随着时间的推移，岛屿周围的海床被填平，孟买逐渐成为一个举足轻重的国际贸易港口。[2]

租借孟买之后，东印度公司便开始了对印度长达 250 年的统治。

1857 年，印度民族起义（Indian Rebellion）爆发，英国王室取得了印度的直接控制权。在接下来这几十年里，英国不断强化对印度的统治，大量修建公路和铁路，开办纱厂，兴建其他基础设施，培养出了一个精通英语的本土买办阶级。

但是到了 20 世纪初，印度人开始反抗英国统治，他们希望自己的政府获得更多自主权。1942 年，有"圣雄"之称的莫罕达斯·卡拉姆昌德·甘地（Mohandas K. Gandhi）领导了一场旨在将英国人赶出印度的非暴力运动。甘地要求英国人"退出印度"，而这场运动的核心内容之一就是抵制英国进口的布料。甘地认为，英国布料是殖民压迫的标志，他呼吁民众使用自家手工纺织的"卡迪"（khadi）棉布来制作衣服。

1947 年，印度终于获得独立，殖民统治宣告结束，印度政府依旧提倡自力更生，"抵制英货运动"（Swadeshi）仍未停止。

印度首任总理贾瓦哈拉尔·尼赫鲁（Jawaharlal Nehru）所推行的经济政策强调本地化生产和保护小手工业者。从 1947 年到 1991 年，印度的经济政策是贸易保护主义和中央计划经济的结合体，旨在确保资源被英国剥削殆尽的印度能够在经济上实现自给自足。

这个时代的典型特征就是政府强势干预商业，而且物价和税收奇高。印度政府将钢铁、电力、电信和银行等支柱产业收归国有，此举让那些打算在印度开店的跨国企业深感失望，大部分选择远离印度市场。

就某些方面而言，这个计划是成功的。通过保护本土产业，尼赫鲁为如今几家规模达数十亿美元的企业奠定了基础，它们包括埃迪亚贝拉集团（Aditya Birla Group）、塔塔集团（Tata Group）、巴贾吉集团（Bajaj Group）和其他许多大企业。但是，印度的制造业配额体系很容易被滥用。所谓的"许可证制度"（License Raj）实际上赋予了官僚无限的权力，让他们能够明目张胆地向生产企业索要回报。反过来，这种指挥与控制系统又促进了裙带资本主义体系的发展。

在这种严控体系之下，市场自由化前的印度以物资匮乏而著称。"当时的印度既没有黄箭口香糖（Wrigley's Juicy Fruit），也没有精工（Seiko）手表或派克（Parker）钢笔。之所以会出现这种现象，物资短缺是一个原因，政府严控消费则是另一个原因。"历史教师兼作家穆库尔·科萨万（Mukul Kesavan）写道。印度人家里和车里没有空调；国内唯一能买到的化妆品品牌是塔塔集团旗下的"拉克美"（Lakmé），这是一个借用印度女神拉克什米（Lakshmi）的名字仿造出来的法文名；若要出国旅游，印度人只能兑换极少量的外汇，而这点钱在绝大多数发达国家还不够吃一顿饭。[3]

印度政府曾制定了一项外汇管制条款，要求外资企业必须将自己所占本土团队的股份稀释到40%，IBM和可口可乐因此而退出印度市场。结果，印度的整整一代年轻人只能眼巴巴地羡慕对可口可乐开放市场的巴基斯坦，而他们自己只能小口喝着带有药味、印度自产的"占婆可乐"（Campa Cola）。出国旅行成为印度人囤积生活必需品的良机，广告业经理人沙旺·乔杜里（Shovon Chowdhury）最近在散文中回忆道："我在很多国家都买过帮宝适纸尿裤，恐怕很少有人曾经像我这样。"[4]

　　然而，即便实施了外汇管制政策，印度也无法避免灾难的来临。由于印度政府在 20 世纪 80 年代末不负责任地乱花钱，再加上石油进口费用不断上涨，印度于 1991 年陷入了国际收支危机。政府负债飙升至国内生产总值的 50%，国家外汇储备锐减至微不足道的 6 亿美元，仅足以支付两周的进口费用。债务违约期迫在眉睫，印度央行（Reserve Bank of India）空运了 67 吨黄金到英格兰和瑞士，从国际货币基金组织（International Monetary Fund）那里获得了 22 亿美元紧急贷款。印度的经济改革时代由此拉开序幕。

　　从某种程度上说，印度在 1991 年实行的经济自由化改革与中国在 1978 年向西方投资者开放国内市场的做法有异曲同工之妙，只不过 13 年之后，印度似乎才走上了与中国相同的道路。

　　如今，印度人均收入增长了 10 倍多，从 1991 年的每月 583 印度卢比上升至 2016 年的每月 7774 卢比；而印度收入最高的首席执行官的薪水上涨了 35 倍，从 1991 年微不足道的 650 万卢比激增至 2250 万卢比。其他指标也有显著增长。孟买证券交易所（Bombay Stock Exchange）的市值从 1991 年的 320 亿卢比飙升至 2016 年的 95 万亿卢比左右。1991 年，印度全部银行都归政府所有，当时拥有银行账户的印度人屈指可数；而到了 2016 年，银行开户人数直线上升。2014 年，印度政府施行了一项新的吸储方案，在短短几年时间里，印度的银行新增了 2 亿用户。[5]

　　在此过程中，印度政府不再限制消费，崇尚消费的时代正在到来，而推动全民消费理念的正是一位新的思想家、生活艺术基金会（Art of Living）创始人古儒吉大师（Sri Sri Ravi Shankar）。古儒吉大师周游印度，向追随者发表演讲，并告诉曾将物质主义视为洪水猛兽的印度人"致富光荣"，而且财富不违背宗教教义。

但是从 2005 年前后开始，中国经济突飞猛进，中国与印度之间的差距再度拉大，两国之间的差异进一步暴露出来，其中最明显的莫过于基础设施和制造业。而这种差异又进而体现在两国的电商运营方式上。

印度零售业

尽管印度向国外竞争对手开放了核心产业，甚至有时候开放速度比中国还快，但它还是坚守着甘地的部分思想。中国在崛起过程中利用它的市场规模吸引外国投资，并将大量资金投向工厂基础设施，从而实现规模经济。但很长一段时间以来，印度政府一直鼓励民众使用手工作坊生产的粗布，保留惠及小生产者的减税政策和激励措施，并继续推行一些不利于企业扩大规模的法规，例如：针对员工达 100 人以上的企业，印度政府强制实施严格的劳动法，而这些法规只有助于保护全国数百万家小型血汗工厂。

在零售行业，这种思路体现得最为彻底。政府长期限制跨国企业投资印度的零售业，此举明显是为了保护处于相对弱势地位的印度零售企业。

零售业在印度经济中扮演着非常重要的角色。根据波士顿咨询集团的报告，印度零售业产值达 6000 亿美元，占印度国内生产总值的 22%。然而，以大型连锁商场和超市为代表的"现代化零售业"

或"有组织的零售业"只占印度零售业总产值的十分之一。[6]绝大多数零售交易都是由小型夫妻店完成的,这种小店在印度被称为"吉拉那"(kirana)。

从很多方面来说,吉拉那小店就是印度零售业的象征。它面积不大,产品都堆在货架上出售,有时候一个比衣橱大不了多少的地方竟塞满了几百种商品。印度有1200万至1400万家吉拉那杂货店,平均每20个家庭就拥有一家吉拉那。与美国在19世纪流行的杂货店一样,吉拉那并不仅仅是一家零售商店。店主通常知道顾客姓甚名谁,了解左邻右舍的口味,大小订单都接,甚至接受信用卡付款。

很多印度人移民到美国后从事的第一份职业往往是开便利店,考虑到吉拉那在印度的重要性,这种现象也就不难理解了。据亚裔美国人便利店协会(The Asian-American Convenience Store Association)估计,在美国的13.2万家便利店当中,有8万家是印裔美国人开的。这些店主大部分来自印度总理莫迪的故乡古吉拉特邦,那里的商人以具有创业精神而闻名。

除了吉拉那杂货店以外,印度无组织的零售系统还包括一大批服装店、手工艺品店和骑着自行车沿街叫卖的小贩,出售的商品从拖把、扫帚、水果、蔬菜到气球和藤编家具,应有尽有。在印度任何一座城市的中产阶级家里,只要坐在阳台上,你就能听到街上传来诵经般的叫卖声:"卖胡萝卜、菠菜、西红柿、洋葱喽!"卖零食的小商贩用一把金属勺子敲打着铁锅;卖气球的小贩则吹着卡祖笛;偶尔有驯猴人带着一只猴子来到街上,敲打着达吉鼓(dug-duggi),让猴子向路人表演节目。

场面看似乱哄哄的，但千万别低估它的魅力。

近年来，随着印度经济实现了自由化，有些印度零售商开始联合起来，形成有组织的零售业，但也有些零售商发现印度消费者的心态很难调整过来。下面，我们以在印度全国拥有86家百货商场的潘塔龙服饰零售公司（Pantaloon Fashion & Retail）为例，说明这个问题。

潘塔龙的首席执行官基索尔·比亚尼（Kishore Biyani）曾参观过西方国家简洁整齐的大型连锁超市，后来，他想借鉴这些超市的模式扩建自己的企业。但他很快就意识到，虽然自己在印度开的连锁卖场布局合理，但它们的商品销量远低于西方国家的超市。

根据《华尔街日报》（*Wall Street Journal*）的报道，比亚尼只能重新设计卖场，使它们更接近中下层阶级已经习惯的购物环境，即更嘈杂、更凌乱、更喧嚣、更混乱。他用狭窄、弯曲的走道取代了网格状布局，仿佛把传统集市引入了现代零售业。他说，自从更改了一个卖场的设计，将它变得更加杂乱无章之后，这个卖场的销售额上涨了30%。比亚尼的这番话暗示着印度消费者对于杂乱的购物环境的偏好与中国市场类似，而阿里巴巴的成功正是得益于它发现了这一规律。

在印度的传统服装店里，可能有三四名店员协助消费者购物，比如，他们要从货架上取下几十件折叠好的纱丽，并且要重复地用花哨的动作在顾客面前展示这些纱丽，让顾客觉得不好意思两手空空地离开店铺；店主趁热打铁，用计算器算出总价，然后刨去几百卢比零头，这笔交易才最终成交下来。

正因为如此，比亚尼的连锁超市每平方英尺的员工人数是沃尔玛的3倍多。虽然店员不得与顾客讨价还价，但他们还是会拿着扩音器四处走动，向顾客宣传促销信息，而且会采用好几种当地的语言，让顾客有宾至如归的感觉。在凌乱的食品杂货区，员工不再只展示完美无瑕的产品，而是故意把一些烂掉的水果蔬菜扔在垃圾箱里，让顾客认为超市正在卖的水果蔬菜都是最新鲜的，使他们的心里产生优越感，从而提升销量。[7]

潘塔龙和类似连锁超市的成功，意味着有组织的零售业将逐渐取代小型时装精品店和吉拉那杂货店，这与西方国家的零售业发展史如出一辙，或者在某种程度上相类似。西式购物中心给消费者提供了温度舒适且干净的购物环境，除了不销售像珠宝和纱丽这些传统产品之外，它其实已经取代了集市的功能。因此，根据波士顿咨询集团的预测，有组织的零售业将在2017年到2020年之间以每年20%的速度增长；而相比之下，传统渠道的增长率只有10%。[8]

但是，传统渠道的持续增长暗示着它具有惊人的适应力，而且跨国零售商所面临的难题也表明印度的决策者保护小零售商的决心（至少在法律法规上体现出了这一点）。中国明确鼓励外企投资中国的零售业，以提高其供应链的效率，将大量产品推向市场；相比之下，印度开放零售业的动作一直都很缓慢。很多印度人认为，开放零售业能够刺激经济增长，从而增加就业；但也有人认为，印度零售业和物流业的从业者达4000万人，若高效率的超市越来越多，将会导致大规模失业。与此同时，像巴蒂集团（Bharti Enterprise）创始人苏尼尔·米塔尔（Sunil Mittal）和信诚集团（Reliance

Group）主席穆凯什·阿姆巴尼（Mukesh Ambani）这样的本土大亨也利用民众的恐惧感，一边享受着来自跨国巨头的保护，一边开始构建自己的连锁超市。

2011年之前，外国企业不能直接投资印度的多品牌零售业，不能开超市和便利店，也不能涉足其他综合零售业。2011年11月，印度政府宣布开放零售业，允许跨国公司进行直接投资。然而，这项改革遭到国内零售商的强烈反对，被迫搁置。2012年，印度中央政府打算让国民决定是否开放零售业，但由于印度民众想法多变，而且跨国企业还要遵守印度29个邦的不同税制，因此，外资在印度零售业的扩张受到了限制。

即便是有限的改革，也立刻引发了民众的消极反应，政客们迫不及待地想保护小店业主的利益；更有甚者，印度北方邦（Uttar Pradesh）一名资深政客扬言要放火烧了沃尔玛超市。他的言论导致印度议会陷入停滞状态。[9]

尽管如此，还是有人拥护零售业改革的。印度零售业效率极低，供应链和物流很不可靠，将近三分之一的蔬菜在运输途中腐坏。农民们认为，如果零售业采用现代化的管理方式，他们就可以卖出更多农产品；而消费者则认为，现代化的零售业能够帮助人们，尤其是穷人省钱。但到目前为止，改革支持者并没有取得太多进展。

低下的效率让政府官员受益，这正是印度所面临的最大挑战之一。总的来说，中国市场是一个全国性的市场，而相比之下，印度各个邦设置了不同的税收及其他政策。也就是说，产品从一个邦运输到另一个邦时，会产生额外的税收。各邦的政策总是不够明确，政府官员一心想着收受贿赂，有必要的话，他们会让送货的卡车在邦与邦的分界线上一直等着。

不过，在重重挑战面前，跨国零售商已经开始取得一些进展，有些邦允许沃尔玛、乐购（Tesco）和家乐福等跨国零售商开店。但是，现代零售业在印度市场仍只占 10%；相比之下，美国市场中这一比例已达 85%。[10]

对电商而言，这是一个非常大的机遇。

印度消费者

印度各邦有着不同的税收政策和法规，与中国相对同质化的市场相比，印度市场的多样化带来了不同挑战。中国是个统一的国家，普通话得到广泛使用，汉族占全部人口的 91.51%；但印度被各种语言、宗教、文化和地理环境割裂，其联邦制结构意味着 29 个邦不会按统一的法规行事，它们的社会发展程度也大相径庭。各邦民众的生活方式也各不相同，有些印度人的活法跟一千年前没什么两样，有些印度人的生活却不亚于美国和欧洲国家最富裕的消费群体，他们购买了很多科技设备和便利设施。一方面，印度自称有 18.5 万名百万富翁和十几名亿万富翁；而另一方面，印度还有将近 6 亿人口的日薪不到 2.5 美元。[11]

从某种程度上说，这意味着跨国企业进入印度市场时，必须把它当作由很多小国家组成的市场，而不是一个统一的大市场。

尽管存在如此多的劣势，但人口统计学数字表明，印度依旧存在诸多有利于电商发展的因素。印度有将近 6 亿人口的年龄在 25 岁以下，而人均收入年增长率一直保持在 10%~12%。[12] 最重要的是，印度的创业者都保持乐观态度，他们认为近年来政府制定的政策正在改善自己的生活。[13] 研究表明，乐观精神往往是一种可以自我实现的预言。对于欣欣向荣的电商，印度人持无比乐观的态度。

印度电商的崛起

2000 年，我和马云前往新德里（New Delhi）参加一场国际会议，那是我第一次去印度。当时互联网尚属新生，印度人无论男女老幼都对互联网充满了兴趣，成千上万的本地人涌向展览馆，聆听专家们讨论这一激动人心的新科技。与中国人相比，印度人对互联网的兴趣要大得多。

1995 年 8 月，印度就有互联网了，但尽管如此，印度的互联网基础设施建设却无法与民众的热情相匹配。我们下榻的五星级酒店没有提供互联网服务，拨号上网速度非常慢，而且费用很高。可能正因为如此，只有大约 500 万印度人能够上网，而他们只占印度总人口的 1%。尽管很多印度人迷恋互联网这项新技术，但印度全国的个人电脑保有量只有 570 万台。[14]

互联网的低普及率并没有阻挡电商的创业步伐，以现在的眼光来看，这似乎不可思议。和中国电商一样，印度电商发现的第一个机会是创建 B2B 门户网站，帮助孤立无援的企业寻找贸易伙伴。印度最早的电商企业是由比基·柯斯拉（Bikky Khosla）创立的，他从 1991 年开始出版《出口商黄页》（*Exporter Yellow Page*）。那时候，马云正在推广他的"中国黄页"，帮助中国制造商联系海外买家。柯斯拉也意识到，他可以利用互联网向印度出口商提供一种寻找海外买家的更好方法。1996 年，他创立了 B2B 网站"印度贸易网"（TradeIndia），为印度出口商打造了一个在全球范围内进行自我推广的平台。无数的竞争者来了又走，唯有印度贸易网存活到了今天。

与此同时，印度的创业者认为他们可以利用科技来改良另一种市场。不过，这种市场并不是他们在 1996 年觉得最有吸引力的 C2C 或 B2C 市场，而是简称 B2G（bride to groom）的婚介市场。印度的父母一般通过在报纸上刊登征婚广告，为自己的儿女寻找合适伴侣，这种分类广告让报社赚了不少钱。几名创业者意识到这一点，于是他们创办了征婚网站，让人们更容易、更高效地寻找伴侣。90% 的印度人都是由父母操办婚姻的，因此无论当时还是现在，印度婚介市场都充满了机遇。[15]

这些网站提供了征婚者的详细信息，包括征婚者的就业前景、薪资、教育背景、种姓、宗教信仰、身高、体重和肤色等。举个例子：假如父母想找一个会说泰米尔语、婆罗门种姓、受过初等教育的儿媳妇，只要在网站输入上述信息，马上就可以找到合适人选，而不必花好几个小时在报纸的分类广告里进行筛选。事实证明，这些征婚网站广受欢迎。根据跨国咨询公司弗若斯特沙利文（Frost & Sullivan）的数据，如今，无数征婚网站专门为特定地区、宗教、社会阶层，持美国工作签证人士、丧偶人士和离婚人士提供婚介服务，互联网婚介市场规模达 360 亿美元。[16]

这听起来似乎与互联网购物和产品销售毫无关联，因为线上买卖产品和服务才是电商的主要收入来源。不过，我们也可以从中了解到一些重要信息。

寻找合适的伴侣离不开信任。在传统婚介中，信任通常是建立在现有社会关系基础上的，然而，互联网婚介多是在匿名的情况下进行的，这就产生了信任方面的难题。为了填补信任的鸿沟，"婚前侦探"也随着婚恋网站应运而生。这些第三方征信机构受征婚者父母委托，跟踪和调查潜在婚恋配偶，确保被调查者与网络资料相符。

人们一直认为网络环境信任缺失，但婚介网站的兴起证明了这个问题是可以解决的。既然婚介市场可以成功弥合信任鸿沟，那买卖产品的电商市场肯定也能做到这一点。

印度最早成立的电商企业 Baazee 很快就明白了这个道理。

印度版 eBay

2000 年，全球互联网发展热潮达到顶峰，投资人和创业者将目光转向了印度。和中国一样，印度互联网的飞速发展催生了成千上万家电商网站，它们无一例外地复制了 eBay 和亚马逊这两家成功电商的发展模式。然而，互联网泡沫破裂后，与绝大多数国家相比，印度遭受了更严重的创伤，因为印度的互联网创业者才刚刚开始投资互联网。

最先倒下的是那些采用亚马逊零售模式的互联网企业。它们自主管理库存和销售产品，结果发现，印度市场互联网普及率太低，网络连接速度慢且资费过高，网络环境缺乏信任度，基础设施建设不到位。这样的市场与当时的中国市场如出一辙，根本无法建立一个以仓储为导向的电商模式。

有一家公司独辟蹊径，采用了 eBay 的交易平台模式，为销售提供交易服务，而不是亲自出售产品。最终，这家名为 Baazee 的公司在互联网泡沫破裂时生存了下来。Baazee 由哈佛商学院毕业生阿弗尼什·巴贾吉（Avnish Bajaj）和苏维尔·苏占（Suvir Sujan）创立于孟买。从公司成立那天起，巴贾吉和苏占就想将 Baazee 打造成印度版的 eBay，他们成功地从包括新闻集团（News Corp.）在内的一些大企业那里募集到了启动资金。

"那时候，模仿 eBay 模式的互联网公司有 22 家，"Baazee 的第 15 名员工兼前任首席财务官尼润·沙（Niren Shah）告诉我，"我们也想创建一家印度版的 eBay，但我们很快就意识到，拍卖模式在印度不太受欢迎，因为印度市场不时兴买卖二手货物。曾有一段时间，我们 90%~95% 的产品都是全新的，所以我们没有把时间浪费在拍卖模式上，而是迅速转向了固定价格模式。"

当互联网泡沫破裂、印度互联网行业进入严冬时，这个决定就显得更加重要了。Baazee 关闭了区域办事处，遣散当地员工，孟买再次成为公司的运营中心。"1999 年和 2000 年成立的网站数量多达 1 万家，除了 2~4 家网站活了下来，其他都倒闭了，"沙说，"2001 年到 2004 年堪称互联网的严冬，我们很多同事都承受了巨大压力，纷纷辞职，因为在互联网行业工作就意味着结不了婚。许多女员工到了婚嫁年龄，父母会对她们说：'喂，你该找一份正经工作了。'"

Baazee 继续坚持着，想尽办法说服卖家通过网络销售产品。"那时候，我们基本上是在推销互联网，而不仅仅是推广电商。我们不得不主动出击去说服卖家。"沙说。

沙说，很多人怀疑电商在印度行不通，这与中国电商的遭遇如出一辙。"很多人说你不能在印度推广线上交易平台，因为印度人与众不同，他们喜欢购物时有售货员在旁边协助，线下购物还能触摸和感受产品。信任感也是很大的问题。他们说：'电商永远不会发展起来的。'我的父母很支持我做电商，但我的很多朋友，甚至连表亲和远房亲戚会对我说：'你在搞什么？你这完全是以互联网之名搞欺诈，互联网泡沫已经破裂了，滚回美国去吧！'"

实际上，Baazee 所面临的最大问题不是人们的怀疑。它的会员注册清单上全是赫赫有名的人物，包括印度的明星和企业家，但当时也只有这些人在使用互联网。

以 500 万网民的规模，印度电商是不可能实现质的飞跃的。"两二个季度之后，我们终于意识到印度的电商市场太小，"沙说，"我们唯一有疑问的就是市场规模，这个市场究竟有 100 万名用户呢，还是有 150 万名用户？"

不过，Baazee 并没有放弃，而是及时转型，进入了 B2B 逆向拍卖①行业，模仿美国的逆向拍卖先驱"自由市场网"（FreeMarkets）。这项业务占 Baazee 交易总额的 80%。沙说，"我们知道 B2B 业务挣不了大钱"，但对于生存而言，它是非常有必要的。Baazee 还开

---

① 在逆向拍卖中，买方提出欲购买的商品，潜在卖家持续喊价，直至其他卖家喊不出更低价格为止。——作者注

始提供支付服务，该服务相当于印度版的 PayPal。

到了 2004 年，印度的互联网用户已达 1700 万人，Baazee 却依然处于亏损状态。"我们就像在河里划船，每个人都是出色的划桨手，大家都在拼命划桨，"回忆起当初的情形，沙说道，"但河里没有水。"

Baazee 的 100 万注册用户已经占了印度互联网用户的很大比例，但这个数字还不足以维持公司的运转。因此，当 eBay 找上门来向 Baazee 的联合创始人提出了一个很有诱惑力的收购价时，他们决定出售公司。沙说："我们觉得市场还要过很长一段时间才能成熟，而 eBay 给了我们一个相当可观的报价。"

由于 Baazee 模仿的就是 eBay 模式，所以两家企业能够完美地融合在一起，Baazee 的许多高级职员也在这家跨国企业中担任着重要职务。然而，eBay 又犯了在中国市场犯过的同样的错误，导致 Baazee 丧失了在印度市场的领导地位。不到几年时间，Baazee 就从印度电商领导者变成了落伍者。当电商大潮最终来临时，最先进入电商行业的 Baazee 早已被市场遗忘。

"坦率地讲，我认为 eBay 太过关注赢利能力，"沙说，"他们没有利用好 Baazee 早于竞争对手三四年进入电商市场的先发优势，这有点遗憾，但事已至此，也没什么好后悔的了。"[17]

SIX BILLION
SHOPPERS

第五章

印度电商的黄金时代终于到来

互联网刚兴起时，印度在电商领域所做的尝试让人看不到电商崛起的希望。2004 年到 2007 年这几年里，中国电商逐渐走上正轨，而相比之下，印度电商依旧步履蹒跚。印度的电脑和互联网普及率一直保持在世界最低水平，数据传输速度依旧很慢，基础设施依旧极其分散和低效。直到 2007 年，也就是苹果公司推出全球首款智能手机的同一年，两名亚马逊的前雇员仿照亚马逊模式创立了一家互联网公司，印度电商开始焕发生机。这家互联网公司名叫 Flipkart。

Flipkart 的前世今生

7 年前，拥有相同姓氏却毫无血缘关系的萨钦·班塞尔（Sachin Bansal）和宾尼·班塞尔（Binny Bansal）共同创立 Flipkart 公司，证明电商也能在印度取得成功。7 年后，我收到了一封来自萨钦的邮件，他邀请我前往班加罗尔（Bangalore），向他的员工讲述我在阿里巴巴的工作经历。到了那里，我才发现 Flipkart 的很多新员工来自麦肯锡、亚马逊和美国的顶尖商学院。他们或放弃在美国的稳定工作，或离开印度 IT 服务界的龙头企业，加盟这家新成立的印度公司。

我问萨钦，他想让我讲哪方面的内容，是电商在中国的成功之道，还是创建线上交易平台的策略，他的回答让我感到惊讶——

"我们现在最想了解的是组织架构问题，比如阿里巴巴是如何培养和保持一种优秀的企业文化的。我们招聘了一些拥有丰富工作经验的员工，也正在经历一些成长中的阵痛。"

他这番话提醒了我。在探讨电商策略的过程中，人们往往忽略了培育一家大企业的难度。说到底，Flipkart 所复制的商业模式依赖于规模化销售，只有规模化才能降低运营成本。在成立后的头 7 年里，Flipkart 的员工队伍迅速扩张至 1.4 万人。

萨钦和宾尼都毕业于印度理工学院德里分校（Indian Institute of Technology Delhi），而且都在亚马逊工作过。2007 年创业时，他们只是想创建一个比价网站，但他们很快就意识到这个想法行不通，因为当时在网络上销售的产品不多，不足以比较价格。于是，他们将 Flipkart 改造成线上书店，力求建成印度的亚马逊。他们选择图书行业的理由与亚马逊差不多。与其他产品相比，图书的运费较低，而且上架时间较长。根据"长尾理论"，多种销量相对较低的独特产品加在一起，也能产生很大销量。图书正是一种可以放在虚拟仓库里的特殊商品，与亚马逊这种线上购物模式简直是绝配。

此外，选择图书这个品类作为 Flipkart 在印度这个对电商缺乏信任感的市场中进行重点发展，还有另一个重要的原因。萨钦在接受美国全国广播公司财经频道（CNBC）节目《少壮派》（*Young*

Turks）主持人采访时说，相比于手机和照相机这类价格较高的产品，"图书的人均消费额较低，一本书的单价也就100卢比，所以，顾客很容易信任我们，跟我们做成了第一笔生意"[1]。

两人凑了8000美元作为启动资金，在自己的公寓里创立了Flipkart。公司在早期并不持有库存，而是接到订单后跑到街对面的当地书店买书。为了吸引客户，他们采用了一些聪明的游击营销策略，比如在书店门口蹲守，等人们走出书店时送上带Flipkart标志的书签。"为了确保找到正确的目标客户，我们只把书签送给那些拿着书走出书店的人，这证明他们是真正的消费者。"他们解释道。[2]

这个策略很管用。2009年，Flipkart从阿克塞尔合伙公司（Accel Partners）那里募集到100万美元投资；2010年，老虎环球基金（Tiger Global）向其投资200万美元；2012年，它又从包括南非报业集团在内的一系列投资人那里获得500万美元资金。后来，Flipkart开始购入存货并运营它的仓库，这些资金对于它培育重资产模式大有助益。在2010年，Flipkart已经拥有了120名雇员，每分钟卖出1本书，而且正蓄势待发，准备满足市场需求，迎来公司的快速发展时期。

Flipkart的购书者遍及全印度，绝大多数都是会说英语的城市白领。网站的交易额一半来自大城市，另一半则来自小城市。Flipkart的图书也被寄往那些很难找到书店和书籍的地方。

随着公司不断发展壮大，为了有别于竞争对手，Flipkart希望尽力完善服务，全程把控客户的购物体验，使购物过程变得无缝衔接且真实可靠。这与京东在中国市场的做法十分类似。

萨钦和宾尼这样做是有原因的。印度的邮政服务因经常丢失包裹而臭名昭著，因此，绝大多数印度人都以挂号信的方式寄东西，确保有人为包裹负责。印度有很多快递公司，但它们的服务根本无法与联合包裹服务公司（UPS）、联邦快递（FedEx）或敦豪快递（DHL）相媲美。

于是，Flipkart 建造了大量物流和交付基础设施，还组建了一支摩托车送货团队。这些摩托车的车身上贴有黄色的"FLIPKART"标志，驰骋在印度的大街小巷。它们不仅可以派送快递，还可以将退货产品运回仓库，而印度物流公司最怕处理的就是退货问题。送货摩托车还可以在派发快件时接受现金支付。事实证明，这正是印度电商所需的重大突破。萨钦和宾尼在接受各新闻媒体采访时，宣称 Flipkart 的物流能力足以让他们抵抗住亚马逊对印度电商市场的冲击。不过在 2011 年，印度市场依旧未对美国电商巨头开放，因为限制外资直接投资多品牌零售业的相关规定同样适用于线上零售商。[3]

到了 2013 年，Flipkart 网站的每日访客数量达 100 万人次，注册用户攀升至 1000 万人[4]，它的覆盖范围也在不断扩大。公司宣称，每 6 个上网的印度人当中，就有 5 个人访问过它的网站。在印度人心目中，Flipkart 已经成为首选的购物网站。萨钦和宾尼决定再推出一个集市平台，允许第三方供应商在平台上出售产品，并使用 Flipkart 现有的基础设施，此举与亚马逊在 2000 年的做法相类似。Flipkart 交易平台被设计成一个虚拟商城，其本意就是给消费者提供更多产品选择，同时将 Flipkart 自主经营产生的库存风险转移到那些在网上出售产品的第三方商家身上。[5]

在推广集市平台的过程中，Flipkart 面临的最大挑战就是为顾客提供高水准的服务，不辜负自己在顾客心目中的声望。很快，

Flipkart便遇到了难题，买家经常投诉说他们收到的商品是砖块、石头、廉价的仿制品甚至是芒果，而非苹果手机或其他贵重产品；与此同时，也有一些骗子向Flipkart投诉说他们被卖家蒙骗，要求平台退款。

2014年，正当阿里巴巴为上市做准备之际，Flipkart获得10亿美元融资，公司市值飙升至70亿美元，整个印度科技界为之震惊。不过，Flipkart模仿的对象不再是它创始人的前雇主亚马逊，而是阿里巴巴。2014年，Flipkart收购了线上服饰零售商Myntra.com，萨钦在接受印度创投媒体YourStory采访时说："2008年那会儿，对于绝大多数电商创业者来说，亚马逊绝对是龙头老大和行业典范。但时移世易，我开始意识到印度的电商环境与美国截然不同，而阿里巴巴集团的模式更适合印度市场。""无论是供应链、顾客，还是思维方式……中国线上零售市场与印度线上零售市场之间存在太多相似性，"他在出席收购发布会时提到，"中国的电商发展现状激励人心，阿里巴巴比美国任何一家企业都更有借鉴意义。"[6]

没错，阿里巴巴的IPO向全世界发出了一个信号：在新兴市场采用一种与众不同的商业模式，电商照样能取得成功。Flipkart正在变成印度的阿里巴巴，但在印度另一头的新德里（New Delhi）古尔冈（Gurgaon）科技园区，有一家名叫Snapdeal的电商企业也想成为印度的阿里巴巴。

Snapdeal的创业故事

2014年，Flipkart宣布公司的经营模式将切换成"与阿里巴巴类似的模式"，萨钦和宾尼顿时陷入舆论的漩涡之中。Snapdeal 创始人库纳尔·巴尔（Kunal Bahl）告诉记者，相比于 Flipkart，他的商业理念与阿里巴巴更加相似。[7]此时距离阿里巴巴上市仅几个月，印度这两家明星企业公开较劲，表明印度电商更愿意模仿中国，而非美国的发展模式。

追随阿里巴巴的脚步，这对 Snapdeal 来说也是经营策略上的方向性转变。2007 年，当库纳尔·巴尔与儿时玩伴罗希特·班塞尔（Rohit Bansal）共同创立 Snapdeal 时，这家公司只从事折扣券业务。这两位创始人相识于 1999 年，当时还是同班同学，而且都非常痴迷于数学。巴尔说："我们心里都清楚，总有那么一天，我们要共同做点事情，这只是时间问题。"[8]

后来两人各奔前程。巴尔前往美国，进入宾夕法尼亚大学（University of Pennsylvania）沃顿商学院（Wharton School of Business）学习，毕业后到微软工作；罗希特则留在印度，考入了印度理工学院德里分校。不过，他们后来在一个朋友的婚礼上重逢，又重拾共同创业的理想。婚礼结束后第二天，他们就开始商讨创业计划并成立了公司，这家公司就是后来的 Snapdeal。[9]

2007 年刚成立时，Snapdeal 甚至还不是互联网公司，而是一家专门印刷折扣券的线下企业。巴尔接受新德里电视台（NDTV）采访时说，在从跨国公司白领向创业者转变的过程中，他和罗希特·班塞尔不断登门拜访中小企业，也卖出了一些产品，但并没有像想象中那样大获成功。

"生意非常冷清，"谈起原来的业务，巴尔说，"我们开始意识到创业不易，公司每个月都在亏钱。"[10]

尽管如此，他们还是继续埋头苦干，并最终于 2010 年 2 月创立了一个每日线上交易平台。那时候，高朋网（Groupon）在美国市场正炙手可热。

2016 年，我前往德里拜访巴尔，听他讲述 Snapdeal 的创业故事。在办公室里，巴尔告诉我，当他和罗希特将 Snapdeal 变成一家线上团购网站时，线上团购并不是热门领域。"我们进入这个领域时，印度只有 7 家公司从事线上团购业务，"他说，"不到 6 个月时间，线上团购企业的数量便达到了 15 家。"

虽然竞争者众多，但只用了不到一年半时间，Snapdeal 便占据了印度线上团购市场 70% 的份额。"我们有优势，因为我们一直在为中小企业服务，"巴尔对我说，"（我们的）父辈都是小企业主，更曾目睹印度小企业主悲苦的生活。我们想看看自己能不能改变这种现状。"

不久，他们就意识到 Snapdcal 不足以带来这种变化，因为它没有创造足够的销售量。有些风险投资人劝这两位好友去趟中国，看看那里欣欣向荣的电商市场。2011 年 12 月，在中国之行中，他们为中国电商企业销售的产品数量感到震惊。

"看到中国电商每天卖出 50 万到 100 万件产品，"巴尔告诉我，"我们心想：'简直太厉害了，印度电商就要朝这个方向发展。'"[11]

回国后，巴尔和罗希特向公司董事会宣布，尽管 Snapdeal 已经为线上团购业务募集到 5700 万美元资金，但他们还是想让公司向集市模式转变。某些董事会成员起初不赞同他们的想法，但最终还是被他们给说服了。不到两个月，巴尔和罗希特关闭了团购网站，把Snapdeal 重新打造成一个集市平台。那时候是 2011 年 12 月。[12]

由于印度市场和中国市场具有相似性，所以他们按自己在中国的所见所闻打造新平台。"在我们看来，这显然是印度电商的发展方向，因为两个市场的结构相同，"巴尔说，"两个都是'长尾'市场，零售业极其分散，企业不知道消费者需要什么，尤其不了解小城镇消费者的需求。"市场环境如此，意味着两国的小企业主"都过着极度痛苦和停滞不前的生活"。此外，巴尔认为两国小企业主都"深受创业文化影响"，他指着窗外写字楼下繁忙的街道说："即使坐在这里，也能看到上百名创业者，比如那个经营快餐车的小老板，还有那个人力车夫，他们都是创业者，只不过他们在等待一个机会、平台或渠道而已。意识到这一点之后，我们几乎一夜之间就关闭了团购业务，准备创建集市平台。"

Snapdeal 从一开始就有意避开了仓储模式。它为企业创建一个集市平台，并通过该平台销售各种各样的产品。"我们一直想成为一家帮助中小企业的平台公司，"巴尔说，"如果它们在我们的激励之下取得成功，那我们也同样取得了成功。仓储模式甚至从不在我们的考虑范围之内。"

"对我们来说，集市平台与其说是一种商业模式，倒不如说是一种经营理念，"他指着桌上的一杯咖啡说，"我们的经营理念就是：假如我们的自营仓库中有 1000 只这样的杯子，而市场上有 5 个卖家在出售同款杯子，那我们应该先卖谁的杯子？答案当然是那些我已经投入营运资本的产品。自然而然地，这样我们就会跟平台的卖家竞争，但我们不想这么做。我们从未想过跟自己的生态系统产生利益冲突。"[13]

由于 Snapdeal 不做仓储，所以它的线上集市平台更像阿里巴巴，而不像亚马逊。Snapdeal 提出针对印度市场的独特定位，即便采用阿里巴巴的商业模式，它也需要稍做调整。在中国，阿里巴巴起初只是推动销售的平台，物流交由其他企业处理。但久而久之，阿里巴巴开始深入物流环节。相比之下，Snapdeal 从进入电商行业初期就知道要更多地控制生态系统，使自己所提供的服务不亚于采用仓储模式的 Flipkart 和亚马逊。

"传统的电商模式就是：要么拥有一切，要么一无所有。"巴尔说，"我们认为要在两者之间取个折中方案。我们应该专攻某个未完善的环节，至于其他环节，我们可以利用现有资源。我认为，这种解决物流问题的方式是经过深思熟虑的，对我们很有帮助。"

当然了，Snapdeal 并非印度首家线上集市平台。eBay 也尝试过进入印度市场，却逐渐败下阵来。我问巴尔，他觉得 eBay 败走印度市场的原因是什么，巴尔回答说："他们的想法可能是：'我们要早点进入印度市场，然后确立自己的领导地位。'但他们早来了五六年。1999 年的时候，印度只有 1.2 万个互联网连接端口。显然，他们犯了很多错误。"

尽管 eBay 无法打开印度市场，但还是决定在背后支持 Snapdeal，并于 2013 年向 Snapdeal 投入了一笔资金，具体金额不详。双方的合作协议规定，如果 eBay 印度无法提供某款产品，则允许 Snapdeal 的产品列表出现在 eBay 印度的搜索结果当中。

Snapdeal的数码市场平台起初与阿里巴巴的天猫商城十分相似，而后者的特点就是将品牌商与授权经销商和C2C商家区分开来。不过，Snapdeal不必担心差异化问题，因为平台上没有任何C2C卖家，或者说根本没有任何卖家。

"我们急需招揽卖家，"巴尔解释道，"他们不接我们的电话，所以我们只能找上门，问他们：'你为什么不把这款产品放到网上去卖呢？'"

巴尔笑着说，首批客户其实是出于同情才答应他们的。为了帮助客户顺利上线，Snapdeal包揽了从产品拍照、产品描述到上传内容等所有准备工作。一旦那些客户实现了销售，他们马上就认可了这个平台。

"看到产品卖出去了，卖家们都很兴奋，因为他们之前对我们不抱任何期望。不是期望低不低的问题，而是根本不抱任何期望。"

自那以后，他们再也不用上门劝说卖家了。由于口碑良好，每个月都会有数以万计的新卖家加入这个平台。

印度缺乏完善的物流基础设施，因此，与起步时的阿里巴巴相比，Snapdeal要为客户提供更全面的运输和物流服务。为了弥补物流环节的不足，Snapdeal向卖家提供仓库，将卖家的货先运到自己的仓库，再供卖家出售。仓储产品占Snapdeal销售产品总量的80%。对于Snapdeal的这一销售理念，巴尔是这样解释的："集市平台与中介供应链相结合的模式是致命的，不带任何仓储和中介物流的集市平台才是未来电商应有的样子。我在eBay跟约翰·多诺霍（John Donohoe）探讨过这个问题，甚至连他都说，假如让他重新创立

eBay 的话，他也会用这种经营模式。"

　　按印度《经济时报》（*Economic Times*）的说法，从 2016 年 5 月开始，Snapdeal 花了 18 个月时间和 3 亿美元来强化物流运营。在那段时间，它的发货量增加了将近一倍，平台卖家数量增加了两倍，从 2015 年年初的 10 万个卖家增加到 2016 年 5 月的 30 万个卖家。为了应对激增的销量，Snapdeal 收购了 200 万平方英尺的仓储面积，这些仓库分布在印度 45 座城市的 63 个不同地点。[14]

　　《经济时报》称，提倡仓储模式的亚马逊也在印度购买了同样规模的仓储面积，Flipkart 的仓储面积则相对小一些。[15]

　　2015 年，Snapdeal 收购 FreeCharge，为自己的生态系统增添了一项支付服务。然后，Snapdeal 根据支付宝模式对 FreeCharge 进行改造，添加了第三方托管功能 TrustPay，货款在转给卖方之前可由 FreeCharge 代为保管 7 天。截至 2016 年，FreeCharge 的日交易量达 100 万笔。

　　巴尔强调，Snapdeal 的 3000 万个注册用户地址具有重要价值。显然，他想涉足银行业。"绝大多数银行都没有 3000 万个注册用户地址，而我们通过快递服务获得了这些地址，"他说，"要向客户放贷，就必须知道他们的家庭住址。"

　　那么，该如何防止顾客被其他平台抢走呢？"顾客不太可能离开我们这个平台，"他说，"我们整个平台以评价和评论作为运营基础，没有这些我们就完了。我们给客户提供多重保护，比如产品可追溯、无缝化服务、买家推荐等。顾客乐于留在我们平台。"为了保持系统的完整性，Snapdeal 还允许卖家对买家发表评价。"有些顾客从 5 个卖家那里买了同一款产品，哪个卖家的货先到，他就留哪个，其他 4 件全部退货，"巴尔说，"所以，我们推出了一个可以评价买家的系统。如果买家（在没有合理理由的情况下）退货的话，就会失去货到付款的权利。"

在印度经营线上市场，语言是个大问题，而在中国就不存在这样的问题。"印度就像是一个大国家里包含了无数的小国家，"巴尔说，"1.2 亿人可以用英语进行网购，另外 10 亿人却不懂英语。也就是说，对 10 亿印度人而言，看 Snapdeal 网站或手机 App 上的英文就像看天书似的。"为了解决这个问题，Snapdeal 于 2016 年12 月推出多语种页面，它也成为印度第一个多语种集市平台。[16] 巴尔说："这样，我们又多出了 1 亿到 3 亿目标用户，否则的话，Snapdeal 就会遇到发展瓶颈了。"

我和巴尔同样感到惊讶的是，印度媒体经常对电商做出负面反应。媒体记者似乎总是关注电商成长的痛苦，却无视电商为印度创业者带来的机遇。巴尔解释说，印度政府与某些企业存在利益关系，这才是大多数媒体唱反调的根源。他说，Snapdeal 并没有遇到来自大型零售商或中间商等现有利益相关者的阻力，因为 Snapdeal 还没有真正抢它们的生意，毕竟集市模式的精髓不在于销售产品，而是帮助合作伙伴实现销售。

"我们不是在替代实体商业，"巴尔说，"而是在促进实体商业的发展。这种商业模式以前从未出现过。假如我们像 Flipkart 或亚马逊那样做仓储，也许我能理解实体零售商的心情。但我们经常对实体零售商说：'Snapdeal 不会与你们竞争，其实我们是想跟你们合作，帮助你们覆盖全国市场。'"

随着时间的推移，传统零售商的态度也逐渐发生了改变。很多零售商尝试自己创建电商平台但失败了，然后找到了Snapdeal。巴尔说："实际上，我们跟零售商保持紧密的合作关系。我们对他们说：'你们有产品，也了解客户的需求，而我们的职责就是帮你们找到更多客户。'"

中间商则是另一码事。数百年来，中间商利用印度的基础设施不足和通信不畅等问题获得巨额财富。巴尔说，中间商倒卖的产品制造成本很低，但由于他们攫取了丰厚利润，导致数百万印度人买不起这些产品。Snapdeal的出现将中间商剔除出了流通环节，既提高了制造商的利润，也帮消费者省了不少钱，而这些好处都转化成了更大的产品销量。

以一件产自古吉拉特邦苏拉特市（Surat）的纱丽为例。假设这件纱丽的制造成本大约是350卢比，通过传统中间商的层层转手，它来到了德里的一家商店，售价2000卢比。然而，这件纱丽在Snapdeal的售价仅为799卢比，而且全国包邮。

巴尔说："制造商、快递公司、消费者，还有我们Snapdeal，该赚钱的都赚到钱了。"

品牌商起初担心线上销售会打乱原有的实体店销售渠道，但现在，它们也已经开始接受电商了。例如，在2015年到2016年中国制造的智能手机涌入印度市场之前，印度本土手机品牌Micromax超越三星，成为印度智能手机市场的领导者。[17]

巴尔说，Micromax拥有自己的品牌专营店，也通过其他各种电子产品与手机零售商销售手机，但如今，它 40% 的销售额都是通过线上销售完成的。

出现这种现象的原因之一就是产品打折。2016 年 4 月之前，印度是允许产品打折出售的。为了争夺市场份额，集市平台和提供支付解决方案的公司都动用自己的资金储备大打价格战。现如今，诸如 Micromax 这样的品牌可以根据自身意愿折价销售产品，但它们不能再参与亚马逊、Flipkart、Snapdeal 等企业发起的价格战，因为印度政府不再允许非制造商打折出售商品。根据《经济时报》提供的数据，该规定出台后，电子产品的线上销售额下跌了 30%。[18]

巴尔说，通过集市平台接触客户不仅成本较低，而且效率较高。因此，各大品牌商开始认真审视电商平台这一品牌创建渠道："在登录页面上，我们向品牌商提供一些创意服务。我们与手机厂商和品牌商签订独家销售协议，参加媒体举办的新闻发布会，并且组建了一个 150 人的团队，专门与品牌合作。"

在这些活动当中，最富有成效的莫过于 Snapdeal 与雀巢旗下的美极（Maggi）方便面共同发起的促销活动。"美极"是印度最受欢迎的品牌之一，但在 2015 年，北方邦的一名食品安全监管人员宣称在一批被送来检验的美极方便面中发现铅和谷氨酸钠超标，美极方便面的销量顿时大幅下滑。有流言称，该事件的起因是那名监管人员索贿不成，甚至有人说这是竞争对手在背后捣乱。在漫天谣言中，印度政府颁布了一道全国性的禁令，将这款印度最受欢迎的方便面撤下货架，并强制雀巢销毁了数百吨方便面产品。随后的检测证明，美极方便面没有任何问题。尽管如此，印度的新闻报纸还是连续几周刊登了批评文章，称方便面和其他类似食物危害人体健康。到了 2 月，公众的愤怒才终于平息，雀巢宣布要用 3 年时间弥补损失。[19]

Snapdeal 就是在这个时候与雀巢展开合作的。

"雀巢在重新推出方便面产品时，库存数量已经很少了，"巴尔告诉我，"（对雀巢来说）这是一个大好时机，它与 Snapdeal 签下独家合作协议，由后者帮助它扩大销售。我们搞了一次限时抢购美极方便面的活动，报名参加活动的买家达 100 万人。活动开始后，不到 1 分钟时间，我们就卖出了 72 万包方便面。"

这种合作关系正是 Snapdeal 为印度电商行业描绘的发展蓝图。

Snapdeal 计划在 2020 年之前实现每天达成 2000 万笔交易这一目标，让人们用 Snapdeal 的 App 支付水电账单，订购机票、大巴车票和电影票，把它打造成一款可用于电商购物和处理日常生活事务的手机软件。为了完成这个计划，巴尔认为 Snapdeal 要继续拓展自己的服务。

为此，Snapdeal 要用它的延伸品牌 Shopo 进入 C2C 市场。Shopo 由 Snapdeal 创立于 2015 年 7 月，是一个不收取用户任何佣金的 C2C 集市平台。巴尔解释说，阿里巴巴先创立了 C2C 性质的淘宝，然后衍生出 B2C 性质的天猫商城；而在印度，这个顺序刚好相反。

从 2012 年到 2016 年，Snapdeal 拒绝了 50 万卖家加入平台的申请，因为它们的规模实在太小。这些卖家都是诸如手工竹篮和手工饰品等"长尾"产品的制造者，他们数以百万计，遍布印度的城镇和村庄。巴尔说，通过 Shopo 平台，Snapdeal 给了他们一个与印度各地消费者联系的渠道；正因为如此，在 Shopo 上线的头 5 个月里，就吸引了 10 万卖家，上架产品多达 500 万种。

"在接下来一年里，我们希望卖家数量达到 100 万家。"他说。

我认为这是一个合理的目标，但在 2017 年 2 月，Snapdeal 关闭了 Shopo，给外界的理由是它想聚焦于其他更有利可图的业务领域。鉴于投资者对印度电商企业施加越来越大的压力，要求它们比以前赚更多钱，这个决定是可以理解的。但是，一个拥有 100 万名现有或潜在创业者的平台居然就这么关闭了，我觉得有点遗憾。由印度小零售业主构成的"吉拉那经济"展现出了勃勃生机，而这股活力完全可以引入集市平台。显然，如此大好良机未能被充分利用，也许只有更具耐心的投资者，才能等待这样的时机再次出现。

亚马逊的印度市场战记

在互联网诞生的头几年里，亚马逊是美国电商中最积极推行国际化战略的企业。亚马逊进入新兴市场相对较晚，它最初并没有向这些风险较高的地区扩张，而是专注于在美国和英国、德国等欧洲国家为代表的发达经济体建立分公司并开展业务。不过，这一策略也让亚马逊付出了代价。eBay 向中国市场发起冲击，却最终败在阿里巴巴手下，作为旁观者的亚马逊失去了进入中国市场的绝佳时机。不在全球最大的电商市场分一杯羹，就很难成为全球最重要的电商企业。因此，亚马逊显然不希望在印度市场重蹈覆辙。

由于印度法律限制外企直接投资多品牌零售业，亚马逊也很晚才进入印度市场。不过，当贝索斯终于在 2013 年迈出这一步时，他是以全速冲进印度市场的。

贝索斯任命他已培养多年的阿米特·阿加瓦尔（Amit Agarwal）去创建本土化网站。阿米特是孟买人，毕业于斯坦福大学，自 1999 年起一直在亚马逊工作。当阿米特向贝索斯递交印度市场开发计划初稿时，贝索斯认为这份计划不够大胆。"他鼓励我们想法要大胆一点，不要缩手缩脚，"阿米特回忆说，"我们的动作一定要快。"[20]

只有将决策权交给本土化的经营团队，才有可能做到快速行动。早在 2006 年，贝索斯就分析过美国互联网公司在中国市场举步维艰的原因，他说："外企在中国的本土管理团队忙着取悦他们的美国上司，而不是想办法取悦中国的消费者。我们不能犯这样的错误。"[21]

他的论断也许是正确的，但接下来几年里，亚马逊似乎正好掉入那样的陷阱当中，它在中国所占的市场份额从未超过 1%。然而，亚马逊内部高管认为原因很简单：公司没有投入足够资金去赢得这场战斗。亚马逊印度市场负责人已经发过誓，不会重蹈中国市场的覆辙。

2013 年，亚马逊进入印度市场。从那时起，Flipkart 与亚马逊之间就一直处于剑拔弩张的状态，双方也成为各大媒体争相报道的目标。2014 年 7 月，Flipkart 宣布它刚刚获得 10 亿美元投资，这笔钱将继续投放到印度市场。[22] 一天后，亚马逊予以反击，宣布它将向印度市场投入 20 亿美元。[23] 接下来的两年里，亚马逊在印度市场的投入越来越大，根据最新统计数字，它的投入已经达到了计划中的 50 亿美元。[24]

但是，金钱换不来市场，西方互联网公司已经证明了这一点。要想赢得市场，还得有正确的商业模式。就印度市场而言，亚马逊需要调整它在美国所采用的模式，使之符合印度的法规。要知道，印度的市场准入法规比中国严格得多。

多年来，亚马逊印度一直在某种不确定的状态中经营，它的产品全部通过一家名为"印度云尾公司"（Cloudtail India）的合资企业进行销售。但是在2014年10月提交给美国证券交易委员会（US Securities & Exchange Commission）的一份报告中，亚马逊曾提醒过投资者：这家合资企业有可能违反当地法律。2016年3月，印度终于明确了外企投资电商企业的相关法规。[25]

根据这些法规，印度允许外国独资公司进行互联网B2B和B2C销售，但为了保护印度本土零售商，外资企业只能采用集市模式，禁止采用仓储模式。与此同时，印度还规定单个卖家（比如云尾公司）的销量最多只能占平台总销量的25%。[26]

即便在这些规定落实下来之前，亚马逊印度更依赖的也是集市模式，而非仓储模式。这并不是一个大问题，因为亚马逊美国网站的半数销售同样是通过第三方商家实现的。对亚马逊来说，印度的新立法也许让它因祸得福，因为这些法规迫使亚马逊更关注集市模式，而我认为该模式更加适合印度市场。

集市模式有个专业术语，叫作"网站成交总金额"（Gross Merchandise Value），指的是通过网站销售的所有商品的总值，简称GMV。为了追求GMV指标，亚马逊跟Snapdeal和Flipkart展开了一场惊心动魄的卖家争夺战。从2016年3月起，亚马逊共签下了40万个卖家，其中8.5万个卖家是所谓的"活跃卖家"；而Flipkart和Snapdeal则分别签下了30万个和10万个卖家。贝索斯承诺投入的 50 亿美元似乎就是为了进一步扩大这个差距。2016 年年初，Flipkart 宣布大幅提高收费，将运输和退货成本转嫁给卖家。不久，亚马逊便宣称它要在 2016 年 6 月大幅削减智能手机和软件的交易佣金。[27] 这两种产品的交易额占印度电商交易总额的三分之一。

然而，签下这么多卖家，亚马逊要做的事情不仅仅是花钱那么简单。Snapdeal 知道，亚马逊还要为卖家们做大量吃力不讨好的活儿，比如帮卖家拍摄产品照片、上传产品描述、上线店铺等。亚马逊甚至还帮一些卖家填写税表，代表卖家处理电话订单、拣货、用亚马逊的快递盒打包和投递。毫无疑问，亚马逊希望卖家尽快在网上实现销售，这样它们就可以自行承担更多类似的职责。

在印度，亚马逊不得不采取一种有别于在美国的运营形式。为了便于处理订单，亚马逊在美国投资建造了巨大的仓库。在印度，它也建造了 21 个大型仓库，这些仓库分布于印度的 10 个邦，仓储面积达 200 万平方英尺。[28] 其中最大的一个仓库位于海德拉巴（Hyderabad），仓储面积为 28 万平方英尺，可容纳 200 万件商品。在美国，亚马逊依靠美国邮政局、联合包裹服务公司、联邦快递和区域性的承运公司快递商品；而到了印度，亚马逊就要像 Flipkart 那样组建自己的摩托车快递团队，靠那些背着包裹、骑着摩托车穿梭于车流的快递员投递货物。亚马逊还与印度当地的夫妻小店吉拉那合作。摩托车快递员把包裹放在店里，店主再打电话给顾客来收货，并替亚马逊收款。对吉拉那店主来说，这也是给小店增加客流量的好办法。

随着印度子公司逐渐发展壮大，作为经营印度市场的外资企业，亚马逊还得学会左右逢源。在美国，亚马逊曾遭到实体零售业的公开抗议；而到了印度，它不仅面临同样的问题，还得顾及印度民众的排外情绪。亚马逊获得了印度监管部门的批准，具备在印度经营集市平台的资格，第一道关已顺利通过；但毫无疑问，随着规模不断扩大，它还要与贸易保护主义者做斗争。

要获得印度民众的支持，亚马逊可以提出的最佳辩解理由也许就是它给小商家带来了线上交易工具。亚马逊往往被外界视为抢走小商家饭碗的零售业巨头，然而截至2016年，在亚马逊网站上出售的商品当中，将近有50%来自第三方卖家。在我看来，亚马逊并没有充分利用这一数据为自己做宣传。亚马逊应自我定位为一家秉承印度吉拉那精神的企业，宣扬它的使命就是为创业者打造线上交易工具，帮助中小商家将产品销往国内外市场。假如它能做到这一点，印度的小商家必然将亚马逊视为朋友和合作伙伴，而不会把它当作洪水猛兽拒之门外。[29]

横空出世的 Paytm

正当 Flipkart、Snapdeal 或亚马逊看似要主宰印度电商市场时，相对局外者 Paytm 半路杀出，着实让所有人大吃一惊。2014年2月以前，Paytm 一直都是印度手机支付领域的领军企业，但对于经营集市平台没有表现出任何兴趣。[30]

Paytm 被称作"手机钱包"公司，也有人认为它的名称是"手机支付"（Payment through mobile）的缩写。成立之初，Paytm 是一家供预付费手机用户在线上支付余款的网站，后来它扩大业务范围，为用户购买其他产品和服务提供便利，比如帮助用户订购电影票和预订出租车。

　　但早在 2011 年，Paytm 的创始人维贾伊·谢卡尔·夏玛（Vijay Shekhar Sharma）就在私下里考虑创立一家集市平台公司。那一年，他去香港参加了一场会议，而阿里巴巴集团主席马云正是大会主讲人之一。正所谓"英雄识英雄"，阿里巴巴于 2015 年年初向 Paytm 初步投资 5 亿美元，并占有 Paytm 25% 的股份。[31]

　　当时的 Paytm 是印度发展速度最快的手机支付企业，夏玛之所以去香港，就是为了看看智能手机大行其道的中国市场到底是怎样一副情形。他说："那年我想明白了一件事情：如果你想了解全球手机互联网的发展现状，那就不要去西方，而要去东方。"在聆听马云演讲的过程中，夏玛对中国电商市场的数据和发展速度留下了深刻印象。他说，他发现"移动支付和电子商务本来就是密不可分的"[32]。

　　2016 年，我去采访夏玛。他告诉我，马云的远见卓识完全改变了他对于 Paytm 发展方向的构想。当时，马云在大会上漫不经心地提到，阿里巴巴只花了一年时间便将营收从 640 亿美元提高到 1260 亿美元，夏玛当场就被震撼到了。他说："回到公司，我就对董事会成员说：'我们要做印度市场的淘宝。'"

　　几乎所有人都劝夏玛坚守本业，因为手机支付行业本身就充满了商机，但他发现马云实在是太有感染力了，他几乎看了与阿里巴巴、淘宝、天猫和马云相关的一切资料，甚至从二手书商那里买来过期的商业杂志，搜寻相关文章。2014 年 10 月，经过精心安排，夏玛终于获得了一次与阿里巴巴创始人马云在杭州见面的机会。

　　"（工作人员）告诉我，马云只能跟我聊 20 分钟，但最终，我们的会面持续了两个半小时。"夏玛回忆道。[33]

夏玛谈了很多关于人生经历和公司的事情。就在几个月前，他创立的 Paytm 日交易量达 30 万笔左右，成为印度日交易量最大的电商企业。[34]夏玛还告诉马云，他在一个没有任何背景的普通家庭长大，这给马云留下了深刻印象。他说："我经历过苦日子，马云认为这是我的优势。我觉得很惊讶。"

刚开始会面时，夏玛向马云阐述自己的理念。可谈着谈着，阐述理念的人变成了马云。最终，两人一致认为：既然从阿里巴巴到 Flipkart 等诸多电商企业都为了提高集市平台销量而不断创建或收购支付软件公司，那 Paytm 为什么不能借助它的支付软件将顾客引导到它自己的市场交易平台呢？

几周后，Paytm 成功融资 5 亿多美元，这震惊了印度科技界。不过，Snapdeal 创始人库纳尔·巴尔对 Paytm 进军电商的做法持怀疑态度。

"我看不懂他们到底从事哪个行业，"巴尔对我说，"我们公司先做电商，后做支付，我还从没看到过哪家公司是先做支付，后做电商的。两个领域所需的技能和技术要求截然不同，围绕供应链打造企业的能力也不一样。我们的策略看上去更合逻辑一点。我认为，电商没有支付系统就像汽车没有轮子，但轮子本身的用途并不是特别大。"[35]

印度电商现状

激增的数据

可以说，印度电商如今已经迎来了转机。Baazee 成立 15 年后，

"河"里终于有"水"了：印度手机市场容量为 9 亿台，其中智能手机占据四分之一的份额；互联网数据资费也不断下降。在这些因素的共同推动下，印度互联网普及率将从 2015 年的 32% 增长至 2020 年的 59%。据预测，到 2030 年，印度网民数量将达到 10 亿人，增长率远高于其他国家。

印度电商向手机端转化的速度比中国电商要快。2013 年，手机业务只占 Snapdeal 交易总量的 5%，而到了 2015 年，该数字激增至 75%。鉴于移动商务增长速度如此之快，Flipkart 甚至尝试过搭建一个只适用于手机的平台，可当销量下降时，Flipkart 又被迫收回了决定。也许 Flipkart 的动作太超前了，但可以大胆预测的是，很多印度电商正逐渐从"优先采用手机平台"转变成"只采用手机平台"。

对电商企业来说，这种转变幸好是在印度经济强盛的时候发生的。如果印度经济一直与新兴市场的发展趋势保持一致，那么到 2025 年，印度人均年收入将会在 2014 年 1570 美元的基础上翻一番。但是，假如它的增长模式保持不变，印度的交通堵塞将会更加严重，人们的线下购物体验也会越来越差，因为印度的基础设施建设是出了名的落后。可以想象的是，出于这个原因，印度新兴中产阶级将会比其他国家的中产阶级花更多钱进行网购。

2015 年，印度的电商销售额已经达到 160 亿美元，前三大电商企业的销售额首次超过前十大线下零售商销售额总和。根据摩根士丹利的预测，到 2020 年，印度电商销售额将会增长 700%，比中国电商从 2010 年至 2014 年的销售额增长率还要再高一些。[36]

在大好机遇面前，跨国巨头们都想在印度谋得一席之地，参与到"下一个中国市场"的发展中去。阿里巴巴、软银和曾经的竞争对手 eBay 都对 Snapdeal 进行了投资。阿里巴巴做了两手准备,同时还投资了 Paytm。中国互联网巨头腾讯的大股东南非报业集团则投资了 Flipkart。2017 年,腾讯、eBay 和微软也加入了 Flipkart 的投资者行列。当然了,亚马逊的投资重点仍是亚马逊印度子公司。Facebook 则通过它的 WhatsApp 通信系统发布了针对印度市场的支付平台。

从 2016 年年初起,印度电商市场的执牛耳者一直都是 Flipkart,它占有 45% 的市场份额;Snapdeal 和亚马逊紧随其后,市场占有率分别为 26% 和 12%。不过,随着亚马逊努力弥补差距,这些数字也处于不断变化之中。例如,根据《福布斯》(Forbes)杂志报道,从 2016 年 6 月开始,总部位于美国西雅图的亚马逊网站的交易总额没有太大提升,市场占有率只有 15%;但在"网站总流量"(包括电脑用户和手机用户)这一指标上,它已经超越了 Flipkart 和 Snapdeal。[37]

各大电商对印度市场的争夺也掀起了一股投资热潮。在模仿阿里巴巴"双十一"购物节的大规模促销活动期间,这股热潮体现得最为明显。为了提升至关重要的 GMV 数据,电商们争先恐后地打折出售商品,很多情况下每笔销售都在亏钱。这种促销活动对顾客来说肯定是福音,却遭到当地零售商的强烈抵制,称这么低的价格让他们根本无法参与竞争。印度政府开始介入,称零售商不能自行定价。如果电商被禁止打折销售,价格回归市场正常水平,市场份额又会如何变化呢?我们只能拭目以待。

　　对印度电商来说，市场降温也许是件好事，因为这个行业已经给人一种估值过高的感觉。在投资者的巨大压力下，为了争夺更多市场份额，企业在市场营销过程中有可能会产生浪费性支出，正如尼润·沙所说的那样，"人们正在摧毁价值"。所以说，降降温对市场是有好处的。

　　变化无常的法律法规也延缓了印度电商市场的发展。我在前面提到过，印度政府已于 2016 年 3 月阐明了针对外资进入印度电商零售业的某些规定。与中国政府充分鼓励外国投资相比，印度政府反其道而行，禁止外国企业直接投资零售行业，并规定集市平台的任意一家零售商的销售额不得超过该平台总销售额的 25%。在这样的规定面前，Flipkart 和亚马逊只能想方设法去应对。它们想到了化整为零的策略，将业务分拆，按不同产品品类独立经营。

　　尽管有着诸多障碍，但这股投资热潮以及由此带来的媒体报道对印度是件好事，有助于加快印度电商的发展。在中国，eBay 与阿里巴巴之争点燃了人们对电商的热情，说服了卖家上网销售产品，而且让消费者相信他们能在网上找到物美价廉的商品并信任电商。两者的竞争成为公众热议的话题，催生了一个足以激发未来创业者想象力的行业，而且该行业能够帮助创业者摆脱贫困。

　　Flipkart、Snapdeal、亚马逊和 Paytm 给印度手工业者提供了一条渠道，通过该渠道，他们可以为自己的产品找到一个超乎他们想象的广阔市场。例如，Snapdeal 出售的很多商品是由孟买达拉维（Dharavi）贫民窟的 200 多名创业者生产的。达拉维是全亚洲最大的贫民窟，到处都是废弃金属薄板和塑料防水布搭建起来的窝棚，杂乱无章。然而，它也是印度最具生产力的商业中心之一，那里有很多皮革作坊和其他手工作坊。在电商出现之前，达拉维的手工艺人曾为自己的产品苦苦寻找市场，产品定价则完全由大贸易商说了算；但是，通过网络平台直接接触到数以百万计的买家之后，这些草根创业者的收入大幅提高。28岁的手工艺人纳迪姆·萨义德（Nadeem Sayed）就是很好的例子。萨义德以手工制作和销售皮夹克为生，做电商之前，他每月收入约1.5万卢比；但通过Snapdeal，他的销售额激增到每个月150万卢比，客户也不再局限于印度的批发商，产品远销美国、英国和加拿大等国家。[38]

趋势和预测

相对于中国市场，电商要花更长时间才能在印度市场生根发芽……

乍看起来，印度就是电商眼中的"下一个中国市场"，可尽管电商在印度发展迅速，但若想真正在印度市场生根发芽，它所花的时间恐怕要比在中国市场多得多，因为印度市场还存在着诸多阻力，包括语种太多带来的沟通不畅、效率低下的基础设施以及邦与邦之间带有竞争色彩的税收制度。此外，印度是一个曾经奉行贸易保护主义的民主政体，法律法规具有不确定性。从中短期来看，电商的普及面临不少障碍。因此，即使印度电商保持着较快的增长速度，但2020年之前，中国电商零售总额将依旧比印度电商高出30倍。[39]

但是，一旦生根发芽，电商在印度发挥的作用要大于在中国……

从长远来看，低效的基础设施将给印度创业者带来巨大的机遇。不难想象，一旦低效率问题得到解决，电商在印度发挥的作用将会大于在中国，因为印度的基础设施问题将使实体商业和电商之间的鸿沟越来越大。在中国，网络基础设施问题得到解决以后，中国电商迎来了飞速发展时期；而在印度，一旦基础设施问题得以解决，印度电商也将会一飞冲天。到那个时候，从品牌推广到交付，整个印度零售业都会转移到线上，印度电商将成为一道真正的七道菜大餐。

印度将出现抵制从网上直接购买中国产品的情况

我在上一章提到过，印度政府提倡"印度制造"，支持创新的同时也鼓励外来投资。但是，正当印度政府这样做的时候，越来越多物美价廉的产品通过阿里巴巴全球速卖通之类的跨境电商网站从中国直接销往印度。印度两大集市平台 Snapdeal 和 Paytm 都选择了阿里巴巴作为合作伙伴，而阿里巴巴会促使中国产品大量涌入印度。在"印度制造"获得巨大推力的同时，这将造成中印之间的贸易关系紧张，印度甚至有可能限制中国产品入境。

印度将成为其他新兴市场的电商孵化器

中国早期的电商创业者从美国寻找创业灵感，而现如今，中国成为印度电商创业者的灵感来源。未来，新兴市场的创业者则要从印度寻找灵感。对他们来说，印度经济模式比中国经济模式更有借鉴意义。

来自印度的理念将会更快地传播到其他国家

印度电商企业现阶段只关注印度市场，这个做法是正确的。但可以预见的是，等市场再稳定一点，企业逐渐赢利，以及领军企业涌现之后，印度电商将开始寻找海外发展的机会。与中国市场相比，印度市场不太受政府的影响，所以它的科技和服务可以自由发展，不受政府制约，这让印度电商在海外推广服务时更容易被海外客户接受。此外，印度使用英语作为商业用语，而且印度科技行业管理者拥有国际化视野，能够帮助印度企业进行全球扩张，这两大因素也会让印度受益匪浅。

印度电商将从集市模式之争变成生态系统之争

与中国电商一样，印度电商基本上都采用集市模式，而且它们很可能会追随中国电商的发展轨迹，向包括支付、物流和其他服务在内的生态系统发展，想更多办法去接触消费者和卖家，这在Paytm和FreeCharge争夺出租车支付业务的案例上便表现得很明显。随着电商企业争相培育自己的生态系统，我们很可能在一段时期内看到大量的并购和整合案例发生。

电商将会塑造新一代本土品牌

电商交易平台ShopClues创始人桑迪普·阿加瓦尔曾对我说过，"印度是一个典型的'长尾'市场"，供应商和制造商高度分散。他举了个例子：在美国，前二十大衬衫品牌占据了该品类的绝大部分市场份额，但在印度，衬衫制造商的数量要多得多，没有哪个主导品牌能够占据较大的市场份额。[40] 实际上，印度人不像中国人那样痴迷于外国品牌；由于文化和宗教信仰存在较大差异，印度人更喜欢特殊化的产品。因此，当电商让创业者能够随时接触到全国各地的买家时，本土品牌就会出现，而互联网就是它们首次亮相的地方。不难想象，我们很快就会听说一些只能从网上买到的"Snapdeal 原创产品"或"Paytm 原创产品"了。

线下零售商将会尝试做电商，但效果不佳

全世界的线下零售商都想向线上转移，但事实证明它们不谙此道。在美国，即使是巴诺书店和玩具反斗城这种历史悠久、销售网络遍及全国的零售巨头，也没有完成线下到线上的转变。而印度市场的有组织零售业只占全国零售业的一小部分，所以很难想象印度传统的线下零售商会比美国零售商更善于创建网店。相反，诸如潘塔龙这样的线下零售商应遵循"若无法战而胜之，则与之携手共赢"的古训。进军线上市场的过程中，主流零售商应以卖家的姿态与亚马逊、Snapdeal 和 Flipkart 合作，最大限度地提高销售额，而不是跟这些平台竞争。桑迪普·阿加瓦尔曾对我说过："印度的沃尔玛不应是传统的线下零售企业，而应该是一家互联网公司；它采用的不应是仓储模式，而应该是集市模式。"[41] 此言不虚。

最终的赢家将是消费者和小商户

人们对于印度电商的关注还是集中在那几家大企业上，它们不

惜花费数十亿美元来培育电商市场。然而，在这些巨头当中，谁会最终生存下来，谁会被其他企业吞并，谁会笑到最后，目前尚不得知。但毫无疑问，消费者和小商户将是最终的赢家。消费者可以用更低的价格买到更多商品，而商家则可以通过电商将它们的产品销往全国各地甚至是全世界。因此，商家应与所有主流电商平台保持良好关系，在各种类型的电商平台上开店，这才是能够给他们带来最大利益的做法。

外资品牌将会发现巨大商机

从外资品牌的角度来看，印度电商如今所处的阶段恰似 2008 年的中国，那一年天猫商城从淘宝剥离出来，成为独立运营的实体。从中国电商的发展历程判断，现在正是外资品牌进入印度市场的最佳时机。所有主流电商平台都提供了相关服务，帮助外资品牌销售它们的产品，并用一种比简单的图片和文字描述复杂的方式讲述品牌故事；然而，能够抓住这个机遇的品牌商并不多。天猫依旧挤满了那些争相吸引消费者注意力的国际品牌，而印度电商如今正处于一个关键时期，外资品牌确实应该考虑是否加入。

事实将会证明，印度电商的创造力强于它的破坏力

电商的销量是其他渠道无法比拟的，中国市场已经证明了这一点。印度电商的创造力应该更强，因为它正在给无数极具创业精神的吉拉那小店店主创造一个平台，帮助这些渴望成功的店主将产品销往印度各地。遗憾的是，一些线下零售商和中间商希望保持现状，

想说服当局按它们的眼光看待电商，称电商是一股破坏性力量。印度电商的领军企业需要多做一些宣传工作，让人们知道电商给草根创业者带来的好处。印度的电商行业没有出现大零售商鲸吞一切行业发展机遇的现象；相反，电商赋予了小零售商成长为大零售商的工具和方法。

电商领军企业应更多地强调哪些商家在它们的平台上取得了成功，宣传那些借助电商改变家庭命运的农村地区和贫困地区的小零售商，以及电商如何为越来越多劳动者提供了就业机会，使他们成为快递大军的一员。媒体和政府的既得利益者为了保护线下零售业及其现状，会百般阻挠电商的发展，而只有提出令人信服的成功案例，电商领军企业才能消除这些阻力。

电商将促使银行业发生变革

印度的银行基本上仍是官僚和低效的机构，根本无法满足小型商家和草根创业者的需求。烦琐的银行法规是造成这种现象的原因之一，即使是开户这么简单的事情，用户也要填写一大堆表格。不过，这些法规也是国有银行时代留下的最大遗产。私有银行从 1993 年才开始合法化，但直到今天，私有银行还没有实现现代化。在互联网时代，移动电子商务正在将印度变成一个无现金社会，印度国家银行（State Bank of India）真的还需要聘请将近 20 万名员工并设立 1 万个分支机构吗？既然它不再需要人工处理存取款业务，可能这些人员和机构都不必存在了。

电商曾促使中国银行业发生变革，同样的事情将会发生在印度。

随着印度电商企业不断收集买卖双方的交易记录，它们将获得重要的信用信息。随着时间的推移，这些信息将有助于银行向用户发放贷款。某些支付企业如今正在探索这一领域，但银行法是否允许它们这样做，目前尚不可知。

电商企业转型为电子银行的最大障碍来自于受到国家重点保护的银行业。毫无疑问，银行业会集体反对线上金融机构的出现，认为电子银行不可靠、不可信，损害就业，给印度经济带来财政危机。但是到目前为止，印度政府所推行的政策其实是在扩大移动支付的需求，这些对于类似 Paytm 这样的龙头支付企业是有利的。2016 年年底，莫迪政府颁布了一项法令，禁止使用大额钞票，其目的就是消灭黑市交易，增加政府税收。此项法令一出，日均线上支付金额跃升了 271%。[42]

C2C 迟早会发展起来

印度电商市场缺乏淘宝这种能够让小型企业和个人进行线上销售的大型 C2C 平台，却也能发展到今天这般规模，实在是令人感到惊讶。但是，尽管印度电商企业做过很多尝试，C2C 还是没有在印度生根发芽。

然而，在一个崇尚创业的国度，这种状况应该很快就会改变。Paytm 在移动端支付市场拥有较强实力，也许能填补 Snapdeal 关闭其 Shopo 服务之后 C2C 市场留下的巨大空白。可以预见的是，在接下来几年里，移动端 C2C 市场将成为印度电商企业的必争之地。

物流：是问题也是机遇

印度进入电商时代之后，随着人们找到解决物流问题的新方案，物流将成为印度发展最快的行业之一。由于印度的物流行业是从零开始的，所以它可能会产生有趣的派生物，其中一个例子就是 Flipkart 打算分拆出它自己的物流公司。不过，有着和 Flipkart 类似想法的电商企业并不在少数。根据"亚洲科技"（Tech in Asia）网站的报道，在过去的一两年里，物流已经成为印度最热门的投资领域。[43] 根据最近的一项研究，电商企业有望在未来几年向物流、基础设施和仓储行业投资 60 亿到 80 亿美元，而德里快递（Dehlivery）、电商快递（Ecomm Express）和 GoJavas 等独立物流企业已经吸引了风险投资和私募股权投资。[44]

电商企业将在竞争中共存

阿里巴巴依旧占中国电商市场 80% 的份额，有人认为这是贸易保护主义的结果。但是，阿里巴巴之所以占有如此大份额，是因为人们当时没有意识到中国存在的机遇。多年来阿里巴巴真正的对手就只有 eBay，彻底击败 eBay 之后，阿里巴巴在随后很多年都一家独大，这让它得以扩大和巩固市场份额。印度则是另外一回事。阿里巴巴的成就使人们意识到印度存在着巨大机遇，印度市场也吸引了更多互为竞争对手的企业。因此，在不久的将来，主流电商在印度市场所占有的份额将分布得更均匀一些。

自有品牌将成为电商的一个重要组成部分

由于自建物流基础设施的成本非常高，Flipkart 和亚马逊等电商企业面临利润下降的压力，因此，为了提高利润水平，它们开始尝试销售自有品牌产品，这种做法不足为奇。通过追踪与顾客购买行为相关的数据，企业能够识别出销量较大的商品，比如苹果手机充电器或男士衬衫，这样它们可以就这些产品创建自有品牌。电子商务是它们的核心业务，不能丢掉，可是，当零售业的利润空间受到激烈竞争的挤压时，自有品牌商品不失为提升利润水平的好办法。

SIX BILLION

SHOPPERS

第六章

东南亚电商概况

阿里巴巴是扬子江大鳄,而我们是千岛
之国的科莫多巨蜥。

——威廉·塔努维嘉亚(William Tanuwijaya),

Tokopedia 创始人

1985年，我的母亲带着我和妹妹到亚洲旅行，那是15岁的我第一次去亚洲。那趟旅途最令人难忘的地方就是曼谷的水上市场。为了早点到市场，我们天刚亮就起床，乘坐一艘长尾船穿过密密麻麻的河道，河道两旁分布着木桩、寺庙和带瓦楞铁皮屋顶的棚屋。沿途我们看到了这座城市贫穷的一面，穷人住在桥底下临时搭建的房子里，洗澡、做饭和饮用的水都取自河里。

　　到达水上市场时，我们看到一群衣着艳丽、头戴草帽的妇女划着木船在狭窄的河道里穿梭往来，兜售新鲜的水果和蔬菜。那时候游客还不多，市场基本上保持着数百年前的风貌，泰国家庭还没广泛地使用冰箱，人们习惯早上到水上市场买卖新鲜果蔬。小贩们先在水上市场的中央集中，然后划船往返于各条河道，向路过的船只或两岸住户兜售商品。15岁的我早已习惯在西夫韦超市（Safeway）购买日常食品与杂货，在看到水上市场热闹繁华的景象时，我顿时被吸引住了。

　　如今，曼谷的水上市场几乎就是为游客而设的。游客们很少有机会能买到青木瓜沙拉了，更多时候看到的都是小饰品和小摆设物。不过，人们还是可以通过水上市场了解数百年来东南亚河道贸易是如何进行的；而河道两岸和小岛附近的风土人情则有助于解释东南亚地区的电商是如何发展起来的。如果用两个字来总结东南亚电商的特点的话，那就是"分散"。

东南亚包括泰国、越南、柬埔寨、缅甸、老挝和马来西亚半岛。在这片大陆上，分布着大大小小的河流和水道，它们都是重要的贸易通道，将产自肥沃平原的农作物输送到其他地方。湄公河（Mekong）、湄南河（Chao Phraya）和红河（Red River）将商业、文化和宗教传播到整个地区；同时，这些河流也是天然的地理屏障，让一些独特的文化得以繁衍和进化。

这些大江大河汇聚在地势较低的三角洲地区，人们在此安家落户。这些定居点逐渐成为商业中心，演变成如今的大城市和该区域的贸易中心。印度尼西亚、东马来西亚（East Malaysia）、新加坡和菲律宾所形成的东南亚海域连接印度和中国，扮演着海上重要贸易通道的角色。贸易和移民不仅使香料在各个区域之间流转，还将佛教和伊斯兰教从印度和阿拉伯世界带到了东南亚。

16世纪是欧洲列强横行世界的时代，海上霸主们在全球争夺地盘，东南亚则被它们视为另一个可瓜分的区域。葡萄牙人是首批来到东南亚的欧洲殖民者，他们占领了摩鹿加群岛（Moluccas）①，以此作为殖民扩张的基地。西班牙人紧跟葡萄牙人的脚步，殖民菲律宾。

---

① 也称为马鲁古（Maluku）群岛，今属印度尼西亚。——作者注

在接下来的几百年里，荷兰强占了如今的印度尼西亚，法国控制了越南、老挝和柬埔寨，英国则夺取了新加坡、马来西亚和缅甸。[1]但是，尽管受外国势力控制，拥有数千年文化底蕴的东南亚国家依旧保留了它们的独特个性。[2]

东南亚电商进化史

由于复杂的历史原因，21世纪之后，东南亚的电商发展缓慢。东南亚地区拥有6.2亿人口，这是一个存在巨大机遇的市场。不过，东南亚国家互联网普及程度较低，电商基础设施效率太低，不足以吸引大量投资。

2001年，eBay的新加坡集市平台成立，它也成为率先在东南亚地区设立分公司的美国电商企业之一。鉴于新加坡的官方语言是英语，而且拥有庞大的移民群体和成熟的基础设施，eBay选择新加坡作为进军东南亚的桥头堡也是合情合理的。狮城的市场环境更接近于美国或德国，与东南亚邻国则相去甚远，因此，eBay在新加坡电商市场确立了领导地位倒也不足为奇。紧接着，eBay于2004年成立马来西亚分公司和菲律宾分公司，并于2007年进军越南和泰国市场。从很多方面来说，eBay在东南亚市场的表现比它在其他新兴市场的表现好得多；直到今天，eBay的许多东南亚分支机构依旧在运营中，显然它受益于东南亚各个市场的规模。起初这些市场规模太小，不值得电商企业精耕细作，因此，以同一平台为多个市场服务的做法是有好处的，事实也证明了这一点。但是，市场在逐渐发展和成熟，

eBay 却依旧不在各个市场建立本土化网站。随着时间的推移，这个平台变成了将当地卖家与全球市场联系起来的跨境贸易渠道，而不是一家专注于本地市场的强大电商企业。

一些本土电商企业尝试在新加坡以外的市场发展电子商务，但它们提供的无非是分类广告，即允许卖家在线上将产品罗列出来，交易却完全是在线下进行的。其中一个例子就是创立于 2005 年的印度尼西亚电商 Tokobagus。它允许卖家发布产品照片并进行简单的文字描述，卖家的电话号码和电子邮件地址也包含在内，感兴趣的买家可以在线下联系卖家，商讨支付条件和物流方式。后来，腾讯的大股东南非报业集团旗下的 OLX 收购了 Tokobagus。

另一家试水东南亚市场的则是日本电商龙头企业 ——乐天（Rakuten）。乐天成立于 2009 年，平台模式与天猫商城相类似。它积极开拓东南亚市场，在泰国、印度尼西亚、马来西亚和新加坡均建立了电商网站。乐天一直想将它在日本市场的经营模式和管理方式移植到东南亚市场，然而，2016 年，乐天宣布关停它的东南亚电商平台。

有意思的是，有一家企业并没有贸然进入拥有 6 亿消费者的东南亚市场。这家企业就是亚马逊。亚马逊对东南亚市场敬而远之，唯一合理的解释就是这个市场太过分散。亚马逊模式依赖于规模化经营和高效运转的基础设施，而东南亚市场高度分散，对于严重依赖规模化和效率的经营模式来说不是好事，也许贝索斯正是因此才望而却步的。但是，随着市场逐渐成熟，亚马逊在东南亚市场会发现更多机遇，这种现状未来有可能改变。

火箭互联网公司：克隆人的进攻

东南亚电商前 20 年的发展历程可用"小打小闹"和"婴儿学步"来形容，但在 2012 年，一直饱受争议的火箭互联网公司终于大张旗鼓地进入了东南亚市场。总部位于柏林的火箭互联网素有"克隆工厂"之称，擅长为新兴市场大批量孵化电商企业。它在印度市场一直相当活跃，而且备受争议和批评，但它在东南亚市场所做的尝试却相对出彩。2012 年，火箭互联网开始在印度尼西亚、马来西亚、菲律宾、泰国和越南经营电商，推出了"迷你亚马逊"模式。它募集了超过 6.47 亿美元资金，用来修建大型仓库、物流设施和到户交付基础设施。2016 年，阿里巴巴集团收购了火箭互联网公司孵化的当地电商平台"来赞达"（Lazada），这笔交易是对火箭互联网的一种认可，因为此前外界一直批评该公司的经营模式无法持续发展。火箭互联网的影响力并不局限于东南亚市场，在本书关于拉丁美洲和非洲电商市场的内容中，我还将提及火箭互联网孵化出来的企业。所以，我决定坐飞机前往柏林，好好参观一番火箭互联网公司总部，深入了解它的愿景，以及它从新兴市场获得的经验。

柏林位于东西方交汇处，是火箭互联网设立总部的理想城市。火箭互联网虽然在西方国家名不见经传，但却是近年来最积极开拓新兴市场的电商企业。这家公司极具争议性：它既是孵化器，又是风投企业，同时还是一个电商帝国；它既扮演着欧洲创新者希望之光的角色，同时也饱受业界批评。但有一点是肯定的：火箭互联网经营着 100 多家公司，遍布世界各地，从尼日利亚到哥伦比亚，从阿根廷到巴基斯坦，到处都留下了它的创业足迹，为新兴市场的电商创业者提供了宝贵的经验。

火箭互联网公司的兴起要追溯到美国互联网繁荣时代。当时正值互联网令人陶醉的时候，欧洲迅速借鉴了美国电商的发展模式。1999年，奥利弗·桑维尔（Oliver Samwer）与自己的兄弟马克（Marc）、亚历山大（Alexander）和三名校友模仿eBay模式创立了Alando网站，这也是他们的第一个克隆作品。而仅仅营业3个月后，6名创始人就以4300万美元的价格将Alando卖给了eBay。[3] 8年后，桑维尔三兄弟创立了火箭互联网公司，并且把Alando作为公司经营策略的模板。

奥利弗·桑维尔1972年出生于德国科隆，在三兄弟中排行老二。父母都是著名律师，他的父亲曾担任过联邦德国前总统卡尔·卡斯滕斯（Karl Carstens）的代表律师。从青少年时期起，三兄弟就决定以后要一起创业。据说他们的母亲不赞成这个冒险计划，而是鼓励他们追求更稳定的事业，比如从事保险行业。[4]

三兄弟并没有理会母亲的建议，他们继续追寻自己的创业梦。1998年，他们把家搬到旧金山湾区，开始研究美国的新创企业。奥利弗与麦克斯·芬格（Max Finger）合著了一本书，名为"创业宝典：美国最成功的新创企业"（*America's Most Successful Startups: Lessons for Entrepreneurs*）。该书深入细致地分析了美国新创企业成功的秘诀，后来，奥利弗和自己的兄弟大量借鉴了书中的创业手段。火箭互联网公司的经营理念以及这家公司备受创新界抨击的原因都体现在这本书的一句话中："成功的创业者不必有自己的创意，发现和识别创意也是一种能力。"[5]

为了写这本书，芬格和奥利弗采访了 75 名创业者，试图解读创业的秘密。最终，他们的研究结果包罗万象，包括如何识别创业机会、如何推出新创企业、如何发展业务以及如何创建企业文化。该书想开创一门与创业相关的学科；而对于创业者来说，它确实是一本非常有用的读物。书中提出了许多创业经验，比如"寻找目标市场时，要找那些不被外界充分了解的大市场。由于制度上的限制，龙头企业尚未充分发掘这些市场中存在的商机"。芬格和奥利弗指出，白手起家的亚马逊之所以能击败巴诺书店，是因为后者被实体书店所拖累。"即使新创企业比龙头企业规模小，前者也有着卷土重来的优势，"他们在书中建议道，"因此，新创企业应该寻找那些龙头企业无法迅速做出反应的商机。"[6]

桑维尔兄弟各自在美国硅谷的高科技公司实习时，发现人们很容易喜欢上 eBay 的交易模式，于是产生了一个想法。他们认为 eBay 模式可能适用于德国市场，于是尝试联系 eBay 公司，看看 eBay 是否允许他们在德国开展业务。然而 eBay 没有回音，于是他们决定返回德国，创建德国版的 eBay 网站，并给网站起名为"Alando"。

当时，想在德国复制 eBay 模式的创业者不止他们三兄弟，但他们的动作很快，而且奥利弗有着高超的销售技巧。3 个月后，eBay 收购了 Alando。事实证明，这对 eBay 来说绝对是一笔划算的买卖。梅格·惠特曼（Meg Whitman）后来在自传中写道，eBay 德国的业绩"如火箭般飙升"，美国市场之外，德国正逐渐成为 eBay 的最大市场。[7]

卖掉 Alando 之后，桑维尔兄弟一跃成为德国互联网行业的首批百万富翁。不过，奥利弗后来认为过早出售 Alando 是一个错误的决定。他说这笔交易达成得太早，假如缓一缓的话，也许 Alando 还能卖个更好的价钱。尽管如此，将美国互联网模式复制到德国市场的想法显然是行得通的。三兄弟紧接着又创立了一家名为"Jamba!"的手机彩铃公司，这家公司因制作了"疯狂青蛙"的手机铃声而广为人知。2004 年，他们以 2.73 亿美元的价格把 Jamba！卖给了威瑞信公司（VeriSign）。

桑维尔兄弟第三次成功创业的经历发生在高朋网的鼎盛时期。他们抄袭了高朋网的经营模式，然后复制到欧洲市场，并给这个克隆出来的网站起名为"MyCityDeal"。在短短几个月里，MyCityDeal 就成为欧洲 13 国团购电商网站的龙头企业。2010 年，高朋网收购 MyCityDeal，桑维尔兄弟获得高朋网价值 1.7 亿美元的股权。

有了数次成功经历之后，桑维尔兄弟坚信他们已经非常擅长识别美国电商企业的经营模式，而且能够在这些企业开始向海外扩张之前把它们的模式移植到其他市场。他们想：既然前面三家企业都是这样操作的，那我们当不是可以复制数百家企业？于是他们在 2007 年成立了火箭互联网公司，并定下一个明确的目标：在全球范围内推行复制模式。

批评者认为，火箭互联网公司充其量只是一家克隆工厂。但与欧洲绝大多数成功的互联网创业者一样，桑维尔兄弟也被誉为欧洲创业圈的励志人物。奥利弗·桑维尔甚至被《连线》（Wired）杂志评为欧洲科技行业最具影响力人物，并登上了该杂志的封面。

大多数情况下，奥利弗·桑维尔是不愿意在媒体上露面的。但在接受《连线》采访时，他罕见地发表了公开评论，为火箭互联网的经营模式辩护："我们擅长创业，不擅长创新。打个比方吧：擅长创新的人是建筑师，而我们是建筑工。"[8]

那么，火箭互联网究竟是怎样一家企业呢？

对它最贴切的描述就是"企业孵化器"。它擅长在全球市场中识别经过验证的商业模式，选择那些它想重点发展的领域，然后在公司内部创建一支虚拟团队，立刻投入到创业活动中。火箭互联网总部各个办公室的墙上都贴着显眼的"百日上市计划"海报，上面有明确的时间表和公司孵化流程图，覆盖了从创意到市场推广的每一步流程，包括如何创建法律架构、如何聘请当地员工、如何确定公司的平面设计方案、如何购买关键字广告，以及如何进行首次宣传活动。火箭互联网的最高管理层负责新创公司的创意和设计，再交由执行部门将它一步步打造成形。如果一切顺利的话，这家公司就会成功"出炉"，搬到附近的另一间办公室独立运营。

经过多年发展，火箭互联网已经成为一家庞杂的企业集团，从尼日利亚到阿根廷，从哥伦比亚到巴基斯坦，它的业务遍及发展中国家。阿里巴巴上市两周后，火箭互联网也成功上市。公司一位负责公关事务的高管承认，火箭互联网故意选择这个时机上市，其目的就是蹭热度，吸引投资者的注意。火箭互联网旗下企业涉及的业务范围甚广，既有线上打车服务，也有时装和日用百货，甚至还有送餐服务。在多数情况下，火箭互联网选择目标市场时遵从一个原则：目标市场的规模要有一定的吸引力，但其所在国家又不能太大，要缺乏金融家、创业者、技术人员和管理者组成的创业生态系统，无法孕育本土企业。举个例子：一名巴基斯坦创业者可能要花数年时间去构思创意、组建团队和吸引风险投资人；而相比之下，火箭互联网可以迅速创建一支团队，同时不懈地关注市场动向，获得在某个市场的先发优势。然后，从理论上讲，这家新公司就可以剥离出来单独运营，或者被卖给火箭互联网模仿的大公司。

到目前为止，火箭互联网孵化的最成功企业无疑是它根据美捷步（Zappos）的经营模式复制出来的 Zalando 公司。2014 年，Zalando 从火箭互联网的企业架构中剥离出来并成功上市。值得注意的是，Zalando 的成就大部分是在西欧取得的，进入新兴市场之后，火箭互联网将面临全新的挑战。

火箭互联网通过模仿而取得成功，这是众所周知的事情。有鉴于此，外界对它的某些批评也许是对的。可当我深入研究它的商业模式时，却发现这家公司其实是很有独创性的，而且我敢说，它非常有创造力。从理论上说，火箭互联网模式将新创企业起始阶段最重要的工作结合在了一起。它扮演着天使投资人和风险投资者的角色，为新创企业提供现成资金；同时它也是孵化器和加速器，帮助企业将概念变成现实。此外，它还将一系列企业联系起来，带给它们跨国企业才能享受到的好处。就此而言，火箭互联网的模式可谓行业首创。从理论上说，那些已经投入了数十亿美元的投资人是相当喜欢这种模式的。

那么问题来了。这种模式在实践中，尤其在新兴市场中的效果如何？我曾经拜访过位于柏林旧城区的火箭互联网总部。公司所在地曾经是一座酒店，办公室周围有画廊、炸豆丸子①店、恋物癖商店以及夹在画满涂鸦的大楼中间的露天啤酒店。漫长且寒冷的冬天过去后，这些露天啤酒店就开始活跃了。

2015年，我与时任火箭互联网公司公关负责人的安德烈斯·维尼亚尔斯基（Andreas Winiarski）首次见面。安德烈斯是公司高管团队的代表，公司的公共事务基本上由他出面处理，而高管们都不太愿意与握笔杆子的人打交道。"奥利弗不喜欢跟媒体交流，这可有点为难我们，更何况我们是一家上市公司。"安德烈斯对我说。⁹

安德烈斯于2012年加入火箭互联网公司。起因是奥利弗写给员工的一封私人电子邮件被泄露给了媒体。在这封标题为"何时发动闪电战？"的电子邮件中，奥利弗写道："我既不要惊喜，也不想受到惊吓，希望你们三位确认好这份计划，确保万无一失……只有你们百分之百确信这个计划没问题且万无一失，我才会批准执行。"

他继续写道："在电商行业，只有3个领域达到了10亿美元以上规模，分别是亚马逊所在的图书领域、美捷步所在的鞋类领域，还有一个则是家具领域。我想说的是，我们一定要选择恰当的闪电战时机。时机一到，我们必能无往不胜。我已经做好了准备，随时可以开战！

"放眼全球互联网，恐怕没有人比我更富于攻击性了。我愿意拼死赢得战斗，希望你们也跟我一样！"¹⁰

如果你不熟悉二战历史的话，我不妨告诉你，希特勒曾用"闪

---

① falafel，以鹰嘴豆为原料的一种中东料理，类似于炸丸子。——译者注

电战"一词来描述他的军事策略,该策略的精髓便是以迅雷不及掩耳之势攻占其他国家。奥利弗居然借用纳粹用语来阐述自己的管理理念,这引起了欧洲媒体的不满,奥利弗本人因这封邮件而饱受指责。

不过,这个词确实反映出了桑维尔兄弟的管理方式,那就是执行,执行,再执行。既要追求速度,也要以吹毛求疵的态度关注细节。桑维尔兄弟之所以强调快速执行,显然是因为他们目睹了自己新创的企业在短短几个月内便发生了翻天覆地的变化。要知道,不到3个月时间,Alando 的市值就达到了 4300 万美元。

安德烈斯非常坦率,这倒是出乎我的意料。我还向火箭互联网公司提出了一个请求,希望能够随着研究的进行,采访公司的一些高管,公司同意了我的请求。6 个月后,我再次到柏林进行采访,这次采访的对象是火箭互联网公司首席技术官克里斯蒂安·哈登博格(Christian Hardenberg)。

克里斯蒂安也是在 2012 年加入火箭互联网的。他在大学学的是编程专业,毕业后当过咨询顾问,也在一家新创企业工作过。因此,我问他火箭互联网公司最吸引人的地方在哪里。

他说:"混乱,公司的混乱状态显然最吸引我。那时候,我们每周创立一家电商企业,有时候一周之内要去 3 个国家。我们没有公关部,没有法务部,跨国企业该有的东西我们都没有。作为一名程序员,我的最大爱好就是构建秩序。"火箭互联网给他提供了一个机会,让他消除混乱和建立秩序。

火箭互联网的总部设在柏林,这非常有利于吸引人才。克里斯蒂安告诉我:"每个人来面试时总会说'我听说柏林是座不错的城市'。"在欧洲，柏林为创意人才提供生活和工作的空间，而且生活成本较低，使人们有能力承担创业的风险；相比之下，伦敦、斯德哥尔摩和都柏林等欧洲其他科技中心的房地产价格高昂，生活成本居高不下。柏林墙被推倒后，政府补贴的企业纷纷倒闭，柏林从此再无工业生产，留下大片空地，年轻人把这些空地改造成俱乐部、公寓、艺术家工作室和新创企业办公室。

柏林毗邻东欧，这也是吸引程序员的一大优势。"我们很多员工来自东欧，目前，东欧是我们技术人才的主要来源，"克里斯蒂安说，"莫斯科有优秀的大学，但人们不想留在莫斯科工作。"

柏林的跨国企业屈指可数，对那些具备跨国企业理念，尤其是住在柏林的人来说，火箭互联网公司有着不可抗拒的魅力。克里斯蒂安说他很喜欢火箭互联网这一点："我们在100多个国家都有业务。就在你来这里之前，我刚刚和新加坡的一位同事通过电话，等下我还要跟非洲的同事通电话。我脑海里经常变换时区，在柏林的其他地方你可体会不到这种乐趣。"[11]

对于那些想体验创业生活，又不想承担创业风险的员工来说，火箭互联网是一家很有吸引力的公司。克里斯蒂安说："这里既有大公司的安全感……又能体验到创业的刺激感，两种感觉的结合是很独特的。"

在火箭互联网总部工作的员工要经常到国外出差，比如先在尼日利亚干点活，然后去墨西哥城公干，再返回柏林。克里斯蒂安曾在越南工作过一段时间，帮助来赞达创建东南亚技术团队。他住在胡志明市，在创建当地团队之前，他带了几名欧洲工程师过去工作。

从那时起，来赞达越南分公司的研发团队逐渐发展到了数百人。

我第一次浏览火箭互联网的官方网站时，它的主页写着公司的使命是"成为美国和中国市场以外最大的互联网公司"。火箭互联网首先进入的是那些跨国巨头尚未开展业务的市场。"奥利弗心中有个清晰的想法，他认为电商会改变所有人的生活，这是我们必须要接受的现实，而现在就是做出改变的时候，"克里斯蒂安说，"全世界还有很多空白市场，他认为这是千载难逢的机会，他要趁亚马逊找到这些市场之前捷足先登，拿下它们。"

火箭互联网成功的秘诀在于执行，而非创新。"我们注重速度，而这正是'火箭'的含义所在。我曾经用火箭的离地速度打比方。在天体物理学中，火箭要离开重力场，就必须达到一定的离地速度，而这是火箭飞离地面的最低速度。我觉得创业跟它有点类似，"克里斯蒂安说，"如果你起步速度太慢，竞争对手会超过你，你就永远没有起飞的机会了。所以，我们把'重在行动'作为企业之本。习惯了这一原则之后，你甚至不会意识到它的存在。公司的所有人都要快速行动，如果有人慢了下来，那所有人都会被拖后腿。"

火箭互联网的员工已经习惯了这种崇尚执行力的企业文化。"他们很适应这个流程，"克里斯蒂安说，"启动一家新公司的时候，大家或多或少都知道该怎么做。可想而知，3个月后，我们就创建了一家相当优质的新公司。然后，我们开始研究和使用这家新创公司的运营数据。"

火箭互联网拥有很多控股公司，这有助于研究经营数据。"我们在很多国家都拥有即将孵化成功的公司，它们都是我们控股的公司，随时可以成立，"克里斯蒂安说，"有时候，某些国家的企业注册耗时较长，比如印度尼西亚。遇到这样的情况，我们就准备好合同和法律实体，了解印度尼西亚人做生意的方式，以及需要哪些执照和许可证。"

如果数据表明待孵化企业的运营有问题，火箭互联网公司会毫不犹豫地将它关停掉。"我们要看它的经营数据……如果业绩不佳，我们会迅速关停这家公司。"

火箭互联网的核心经营目标是在除中国以外的全球新兴市场打造微型亚马逊。为了发展日用百货业务，火箭互联网在非洲推出了Jumia平台；在拉丁美洲和东南亚则分别推出了Linio和来赞达平台，来赞达后来被卖给了阿里巴巴集团。为了创建这些平台，火箭互联网以亚马逊为原型建立了一个线上专营店系统，授权火箭互联网旗下的所有公司在那些地区开展业务。有人认为火箭互联网的模式是值得赞扬的，因为它已经具备了必要的规模，可以在不同市场推广通用化平台。

但是，随着时间的推移，火箭互联网意识到某些平台的服务需要定制化，这种"一刀切"的方法根本不起作用。"它们（指火箭互联网旗下的企业）都采用同样的系统，"克里斯蒂安说道，"但我们很快就发现，我们的技术团队在柏林实行8小时工作制，而在8小时以外，其他时区的子公司根本无法联系到母公司。按这种模式操作的话，子公司在当地市场是很难取得成功的。"

火箭互联网决定将决策权下放给工程师。它将子公司的工程师全部集中到柏林，教他们学会使用火箭互联网的软件，然后"把决策权下放给他们，让他们逐渐学会独立决策"。克里斯蒂安说："那时候我们跟他们做了个交接，在我们原有进度的基础上继续完成工作。假如我们把所有事情都集中在一个平台上，那就会拖所有人的后腿。"这项改革有助于火箭互联网的子公司适应当地市场的特殊需求，比如为当地市场提供数字化产品或在当地村庄设立收货站点。在某些地区，当地平台还可以启动服装产品的"货到试穿"服务，这样，消费者可以在家里试穿衣服，满意后再把货款付给快递员。"子公司拥有了自主创新权，我认为这是它们取得成功的关键所在，"克里斯蒂安说，"当然了，每个子公司都要组建自己的技术团队，这会在一定程度上降低效能，但以效能换速度，我认为是值得的。"

随着子公司开始本土化进程，火箭互联网意识到它必须从零售导向模式向集市模式转变。"在此过程中，我们逐渐认识到纯零售模式是行不通的，"克里斯蒂安说，"纯零售模式的利润不够高，而且水货竞争太激烈，所以（集市模式）更明智一些。"克里斯蒂安承认，火箭互联网"确实是慢了别人半步，但很快，它就从零售模式转换成了集市模式。我为公司感到自豪"。他认为，这是火箭互联网发展过程中必须要迈出的一步："我觉得我们做出了正确的选择，因为作为集市，首先得具备一定规模，然后才能吸引到卖家。"[12]

火箭互联网最初是以模仿亚马逊的零售模式起家的，但时移世易，火箭互联网改弦更张，开始模仿阿里巴巴的集市模式。"以前我们一心想孵化亚马逊那样的电商公司，突然有一天，我们的目标变成了'创建阿里巴巴那样的企业'。"火箭互联网的一名高管告诉我。

这些子公司可以在适当的时机脱离母公司，自行寻找投资者并自主经营，它们甚至可以培育自己的企业文化。对此，克里斯蒂安解释道："可以说，我们和子公司的关系随着时间的推移而发生变化。这有点像父母抚育小孩。刚开始的时候，子公司就像是婴儿，它们还没有自理能力，需要父母为它们做所有事情并养育它们。然后，它们慢慢长大，像青少年那样有了自己的思想，甚至有了逆反心理。它们会有点不客气地说：'我们可以自己把事情做好。'再长大一点，除了叛逆之外，它们也看到了父母的好处，必要时也会向父母求助。"

从战略角度来看，火箭互联网的本土化做法是一个意外惊喜。美国电商之所以从中国市场铩羽而归，很大程度上是因为它们以"一刀切"的方式将自己的平台应用于全球市场。不过，火箭互联网的经营理念似乎不适用于高管层，它在各国子公司的领导几乎都是由非本土人士担任的，这种现象很普遍。

我问克里斯蒂安这是否是火箭互联网公司的软肋。他承认自己也曾考虑过是否该由本土经理人带领这些子公司，毕竟他们了解本国环境，而且拥有本土人际关系网。"（高层）基本都是从国外派往这些国家的，比如从巴黎派往尼日利亚，"他说，"一般情况下，（子公司的）最高领导是一名欧洲人。不过，这些人也是经过精挑细选的，他们通常在麦肯锡工作过，在本地很难找到具备如此执行能力和经验的人才。我觉得文化差异也要考虑在内。最后一点：这些高管性格类似，这也很重要。他们都是年轻人，胸怀大志，大多拥有咨询行业背景……分公司可能有不同文化背景的员工，比如印度人和中国人，他们各自操着本国语言，那就更难把他们捏合成一个具有凝聚力的团体。"

那么，火箭互联网的工作氛围如何呢？公司的公关团队给我提供了一份采访名单，但我并没有找采访名单上的员工，而是找了其他一些管理人员聊天。让我感到惊讶的是，相当多管理者对公司持悲观态度。公司对绝大多数员工没有给予股权激励，令员工心生怨愤。

火箭互联网所处的行业更重视创造力，而非执行力。供职于火箭互联网柏林总部的员工得有相当厚的脸皮，因为普通柏林人也对这家公司持怀疑态度。公司的一位高管跟我说过这样一件事："我想在柏林租一间公寓，房东要在我和另一名租客之间做出选择。当房东得知我在火箭互联网工作时，他们……就把房子租给了另外那个人。"柏林的本土文化崇尚勇气和坚韧不拔，某些柏林人认为火箭互联网的经营模式华而不实，那位房东可不想把房子租给有可能很快失业的租客。

如果要找一些曾在火箭互联网公司有过不愉快工作经历的员工，那可不是什么难事。当然，火箭互联网是一家以结果为导向、要求严格的企业，有些员工无法达到公司的要求；但是，关于这家公司的负面报道似乎不止于此。

有一位受访者曾在火箭互联网控股的一家拉美公司担任过负责人。他告诉我，员工常常抱怨公司缺乏连贯一致的企业文化，子公司通常由联席总裁共同管理，这会导致管理混乱，缺乏组织力。员工们似乎不知道公司的经营目标是什么，也不知道自己在组织中处于什么位置。虽然任何一家新创企业都有可能出现这种情况，但是，如果管理层不向员工阐述公司的价值观，有时候也就意味着某些员工无法形成同样的使命感。

对火箭互联网牢骚满腹的不仅仅是在职和已离职员工，到了

2016 年夏天，投资人也开始失去耐心了。上市后的火箭互联网命途多舛，在法兰克福上市的第一天，股价便跌破发行价 13 个点。后来，股价短暂升至最高的每股 56.6 欧元，但到了 2017 年春，公司股价跌到了每股 15 欧元。在此过程中，媒体开始以"火箭坠回地面"（Rocket Falls Back to Earth）等标题报道这家公司。[13]

2016 年，阿里巴巴集团以 10 亿美元收购来赞达，希望它能够帮助阿里巴巴在东南亚市场取得先发优势。这时候，人们才对火箭互联网的模式给予认可。在火箭互联网看来，来赞达与 Alando 和 MyCityDeal 有如一母同胞，只不过这次收购方并非来自美国，而是来自中国。

来赞达这笔交易是个亮点，但火箭互联网孵化的其他公司仍为了赢利而苦苦挣扎，而且母公司本身的资产负债表也已经出现不断恶化的迹象。我想，火箭互联网之所以陷入困境，原因之一就是它没有找到自己的灵魂。在追求执行力的过程中，公司并没有赋予员工除了执行力以外的统一使命感。为此，我还专门问过克里斯蒂安：火箭互联网是否有类似于"改变世界"这种带理想主义色彩的目标。他立刻摇摇头，说"没有"。他说，在他看来，火箭互联网和硅谷"在世界上扮演着不同角色。硅谷是创新者的天堂，他们是为了改变世界而生的。我们需要那样的人……他们是我们的英雄……但火箭互联网是由许多默默奉献、解决具体问题的工程师组成的，我们考虑得更多的是：'抛开理想不谈，我们眼下面临什么问题？'也许正是因为这个原因，火箭互联网更适应德国的环境。要将亚马逊模式复制到印度和印度尼西亚，成败的关键不在于理想和长远目标，而在于许多细节性的问题，比如支付方式、物流、采购等等"。

　　我还问克里斯蒂安，对于外界批评火箭互联网缺乏创新精神，他有何看法。

　　"我觉得这种说法有点可笑。打个比方：假如你在街角开了间比萨店，恐怕没人会走过来说：'你复制了隔壁比萨店的生意模式！'做生意本来就是相互竞争的，全世界都一样……我认为，竞争的含义就是不能一家独大，应该让更多企业参与到电商行业的竞争中来，"他回答道，"当然，我们不能复制那些尚未成熟的创意，这样做不太好……我们要等到风险有所降低……而且事实证明这些创意是成功的，我们才会参与进去。但我认为，我们会非常谨慎地做决定，因为我们花的不是自己的钱，而是投资人的钱。我们要告诉投资人：我们所寻找的商业模式是切实可行的，而不是完全未经实战检验过的；那是一种截然不同的商业模式，如果你愿意承担更大的风险，就会得到不同于以往的高额回报。"

　　那么，火箭互联网的前景如何呢？

　　"我希望它能摆脱眼前的困难……至少从表面上看，它的做法是相当明智的：复制成功的商业模式，引进优秀人才，然后不断重复这一流程。"而且奥利弗是一位"非常了不起的销售大师，我见过他是怎么说服投资人的"。"但是，我不希望我们表现出一副深谙成功之道的样子，"克里斯蒂安说，"我们还有一些子公司处于亏损状态，但我认为，到目前为止，我们孵化的每一家新创企业都呈现出良好的发展态势。"

　　这支"火箭"会一飞冲天吗？或是终将坠回地面？现在下结论还为时过早，但无论结果如何，对于想进入电商市场的其他企业而言，它都有相当大的借鉴意义。

采访结束时，克里斯蒂安告诉我："我现在最担心我们德国的汽车业。汽车制造业依旧是德国的经济命脉，它提供了很多就业岗位，几乎占德国经济总量的一半。"他还说，特斯拉的电动汽车对德国汽车制造业是一大威胁。[14]

离开火箭互联网总部，我不禁在想：克里斯蒂安的最后几句话恰恰是反对火箭互联网经营模式的最佳论点。德国的未来和它的汽车制造业一样，都依赖于创新能力，而非复制和模仿的能力。可能克里斯蒂安还没有意识到其中的讽刺意味。这让我觉得火箭互联网是一家很有趣的公司。也许对于投资人和员工来说，它是一家成功的企业，但柏林和德国科技界需要一个更好的榜样。

丛林里的科莫多巨蜥

我与 Tokopedia 创始人威廉·塔努维嘉亚相识于 2013 年。初次见面，他便给我留下了深刻的印象。当时我正在雅加达宣传我拍摄的电影《扬子江中的大鳄》（*Crocodile in the Yangtze*），突然收到一份邀请，去给他和他的团队私人放映这部影片。威廉是个很有活力的人，他为自己创立的公司而痴狂。虽然他没有跨国企业高管的优雅气质，也没有哈佛大学文凭，但我从他身上看出一股只有成功的互联网创业者才具备的精神气。几年后，他的公司获得软银 1 亿美元投资，被誉为本土冠军企业。听到这个消息时，我并不感到惊讶。

2016 年春，在东京举行的一场技术研讨会上，我再次与威廉偶遇。自我们初次会面之后，很多事情都变了。有报道称，他的公司又募集到了 1.47 亿美元资金。通过不断吸引投资和持续发展，毫不夸张地说，Tokopedia 已经成为印度尼西亚估值最高的集市平台。

到目前为止，作为 Tokopedia 创始人的威廉取得了巨大成功，但尽管如此，他还是保持着谦逊的态度。"我是在机缘巧合之下开始创业的，迫不得已才走上了创业的道路。"他在东京的大会上向观众讲述道。他的父亲曾鼓励他离开位于印度尼西亚老家的岛屿，到其他地方求学。于是，威廉跋涉了 4 天 3 夜，终于到达了雅加达，考入当地一所大学学习计算机专业。后来父亲患病，威廉需要找份工作维持生计，于是他成为一家网吧的管理员，就这样半工半读了 3 年。尽管工作很繁重，但他说这是"塞翁失马，焉知非福"，因为当时印度尼西亚的上网费用非常高，而他却能够免费上网，并且"爱上了互联网"。

2003 年，威廉从大学毕业，他梦想着进入谷歌这样的大公司工作，但最终还是选择了其他行业，因为当时在印度尼西亚设立办事处的美国互联网巨头并不多。2007 年，他决定抓住机会，创立他自己的电商企业。受到美国 eBay、日本乐天和中国阿里巴巴的启发，他意识到，如果能创立印尼第一个互联网集市平台，他就可以解决信任问题，将"千岛之国"的陌生人联系起来，让他们在网上相识并做生意。[15]

威廉找到公司的首席执行官，向对方推销自己的想法，但这位首席执行官满脸狐疑地问他："威廉，请你告诉我，在印尼有谁是靠做互联网生意发家致富的？"

"当时的印尼没有可以学习的榜样，"威廉告诉我，"我们没有印尼版的史蒂夫·乔布斯或马克·扎克伯格（Mark Zukerberg），也没有印尼版的马云。没有榜样，潜在投资人就不知道如何才能收回自己的投资。"

潜在投资人还担心来自跨国公司的竞争。"他们告诉我，印尼市场潜力巨大，这个国家拥有 2.5 亿人口，在全世界排名第四。'如果你向全世界证明印尼人需要 Tokopedia 或集市平台，那么所有跨国巨头都会涌入印尼市场。你就不要白费力气了。eBay、阿里巴巴和乐天都有可能进入这个市场，你打算怎么跟他们竞争？'当时我不知道该怎么回答他们的问题。"

"还有人询问我的家庭背景，比如来自哪个家族。"在印尼做生意，人们很看重门第和名望。"我出身寒门，"威廉说，"投资人会问我：'你毕业于哪所大学？'如果我读的是常春藤院校（Ivy League），也许还能与跨国巨头相抗衡，但我不是来自名校，而是在一家网吧自学成才的。他们还会问我以前是否学过工商管理，我只能说没有。"

不过，一位投资人的话促使威廉采取行动。这位投资人对他说："威廉，你还年轻，不要好高骛远，不要浪费自己的青春。你总在做着美国梦和硅谷梦，但印尼不是硅谷，那些成功的创业者都是天赋异禀的人，而你不是。"这番令人丧气的话反而坚定了他的信心。"我的人生就是从那一刻开始改变的。"威廉说。

"Tokopedia 是在不被人们看好的情况下创立的，"他说，"既然不被看，那就得找到优秀的合作伙伴抱团前行。我们是幸运的，当所有人都不相信我们的时候，我们的合作伙伴却坚信我们能够成功。这让我们意识到，人的过去是无法改变的……但我们可以改变自己的未来。我们知道自己不能放弃，如果我们建好 Tokopedia 这个平台，就能帮助数以百万计的印尼人和他们的下一代，让他们能够通过互联网创业。"

"不被看好之人所需的另一项特质就是不屈不挠的精神。很多人问我，为什么我能找到这么多日本投资人？我英语口语不好，跨国投资人很难听懂我说的英语，但我没有放弃。幸运的是，日本投资人知道讲蹩脚英语的痛苦，他们更有耐心一些，所以，他们会花时间倾听和了解我的理想。"

"我回到母校，用两天时间尝试说服毕业生加入我的公司，却招不到人。我意识到我要再接再厉并改变自己的风格。我是一个寡言少语、内向和害羞的人，但我知道，如果不敢在公众场合演讲，不把我的梦想告诉别人，就没人会了解我。即使到了今天，公开演讲对我来说还是一件难事。但我知道，我必须要这样做。通过坚持不懈的努力，我们的团队终于成长起来了。我们公司刚成立时只有两个人，如今，我们的雇员达 500 人，而且来自世界各地。我们打算再聘请 20 名员工，却收到了来自全球 2.4 万人的求职申请。我记得我们的国父苏加诺总统（President Sukarno）曾经说过：'我们的梦想要比天高，即使梦想失败了，也只是从天上掉到星星里。'在我看来，这是一句简单而美丽的格言。"

印尼电商似乎终于迎来了转折点。1995 年，印度尼西亚开通了互联网，但在那时候，互联网被视为奢侈品，很长时间都无法进入寻常百姓家。印度尼西亚由成千上万个岛屿组成，在第三代和第四代智能手机上市之前，印尼人想上网，就必须从海底铺设光缆。因此，早年只有大城市才能用上互联网，互联网的普及率非常低。

威廉说，印尼早期的电商都是类似于 Tokobagus 这样的分类广告平台，"基本上跟美国的克雷格分类广告网站（Craigslist）差不多"。分类广告之所以能在印尼兴起，是因为商品的付款和物流是一个难题，买卖双方也缺乏信任。印尼的一些"豪门"想借鉴亚马逊模式，在他们的企业集团里成立电商部门，但当时的时机不够成熟，电商市场还太小。除电子产品零售商 Bhinneka 苦苦坚持数年以外，几乎没有企业能在电商领域取得成功。

但到了 2016 年，威廉的努力终于有了回报。根据公司的统计数字，有将近 50 万商家在使用 Tokopedia，平台每月产品发货量达 1500 万件。威廉告诉我："也就是说，我们每个月创造了 1500 万次相互信任。"

电商正在彻底改变印尼的零售行业。威廉出生在一个小镇，那里到处都是种植园，没有任何购物中心，消费者只能开 3 个小时的车前往该岛首府购物。镇上只有一些夫妻店，可以提供生活必需品；但在首府城市，产品类别要丰富得多（比如各式各样的电子产品），而且价格要比小镇低 50% 左右。

那么，印尼电商的潜力有多大呢？威廉引用了一组数据：中小型企业产值占印尼国内生产总值的 58%，而这些企业还没有进入电商领域；印尼电商零售额在本国零售行业所占比例不到 1%。不过，印尼是一个创业者的国度，威廉认为印尼电商未来的规模不亚于中国。[16]

他还发现，印尼与中国的买家和卖家有着相似特征。在

Tokopedia 上线之前，电商平台几乎没有为社交互动做任何准备。"所以，人们喜欢在脸书和 Instagram 等社交媒体上做电商。"威廉告诉我。

这是否意味着脸书有机会进入印尼电商市场呢？还有，脸书会挑战现有主流电商平台的领导地位吗？

"小商家时间很有限，"威廉说，"所以，每当没生意做时，他们是很乐意在社交媒体上卖东西的。可是，当他们每天接 10 个甚至 100 个订单时，就没时间反复介绍产品和回答问题了。社交媒体会浪费大量的时间。我们的商家过去常常在社交媒体上销售产品，但现在他们明白商业不仅关乎社交，还关乎效率和创业。当商家发现可以请一些朋友假冒买家为自己的产品和公司点'赞'时，社交媒体上的声誉就更容易造假了。社交媒体网络已经对分类广告平台构成了挑战，但是，我们还需要时间创建一个细节更加完善的网络，比如能够通过物流信息追踪包裹去向。"

印度尼西亚的地理条件特殊，物流往往需由本地企业完成。Tokopedia 解决这个问题的方法就是与印尼各地物流供应商合作，由买家和卖家选择当地实力较强的供应商，Tokopedia 网站再与物流供应商网站整合在一起，消费者就可以上网查询他们购买的产品被寄送到哪里了。

威廉认为，印尼政府将强力推动电商发展，营造一个相对有利于电商的监管环境，印尼的电商企业将会因此受益。"印尼总统和政府部门很开明，"威廉解释道，"我的首次美国之旅就是跟印尼政府代表团一起去的。政府有一个宏伟的目标，要成为东南亚互联网经济的领头羊。"

的确，印度尼西亚总统思想相当开明，他邀请威廉的竞争对手马云担任印尼政府电子商务顾问。那么，威廉打算如何抵御阿里巴巴和来赞达的进攻呢？"阿里巴巴曾是我们灵感的源泉，现在，能够在我们的主场与世界上最优秀的电商企业较量，这是我们的荣幸。这将促使我们为客户提供最优质的产品和服务，"他说，"我们刚创业时公司规模很小，阿里巴巴就是激励我们前进的标杆和偶像。如今，我们可以面对面地跟它竞争了。阿里巴巴是扬子江大鳄，而我们是千岛之国的科莫多巨蜥。我们很幸运……因为'努力进取，把偶像变成竞争对手'这句话在我们身上应验了。"[17]

东南亚电商现状

东南亚市场一直以来的人口优势终于开始发挥潜力了。光是印度尼西亚一个国家，人口就达到了2.5亿以上，菲律宾有1.02亿人口，越南有9500万人口，泰国有6800万人口，马来西亚则有3000万人口。[18]

随着智能手机迅速普及，东南亚的互联网用户逐渐增加。与此同时，东南亚互联网的数据传输速度大幅提升，上网资费不断下降，越来越多的东南亚人只要用指尖点击手机屏幕，便可以轻松上网购物。

但东南亚的优势不仅仅是人口基数大。该地区中产阶级人口数量也不断增多，他们具备较强的消费能力。2015年，中国人均国内生产总值达8028美元，所以能够建立一个健康的线上零售生态系统。说到东南亚的人均国内生产总值，新加坡遥遥领先，高达52889美元，马来西亚以9768美元位居第二，泰国和印度尼西亚则分别以5815美元和3347美元排在第三和第四。[19]然而，整个东南亚中产阶级的实际购买力比上述数字所暗示的购买力要高得多，因为人均国内生产总值被农村低收入人群拉低了。

东南亚的年轻人较多，而且非常乐观，这是该地区电商发展的另一个要素。根据尼尔森咨询公司（Nelson）的调研结果，67% 的东南亚居民未满 35 岁，而且 2015 年该地区的"乐观指数"全球最高。[20]这种乐观精神会让消费者更有信心去购买最新产品。

所有这些要素都为电商的成长提供了肥沃的土壤。为了更好地从宏观层面了解东南亚市场，我采访了东南亚最大的电子商务解决方案提供商 aCommerce 的首席营销官何潇益（Sheji Ho）。aCommerce 与品牌商、零售商和集市平台提供商合作，帮助企业创建网店、推广网店，并提供整个东南亚地区的快递服务。aCommerce 拥有 9 个订单运营中心、1300 名员工和 4000 万美元风投资金，帮助东南亚线下卖家提供线上一站式购物服务。跟中国上市公司宝尊电商一样，aCommerce 的使命就是为其他参与电商淘金热潮的企业提供"工具"。

何潇益在电商圈子中以直言不讳而著称，他跟很多主流电商合作过，所以他既能从业内人士的角度审视东南亚电商，又能高屋建瓴，研究电商市场的整体发展趋势。何潇益曾在中国工作过，在我们的交流过程中，他结合自身的经历，指出了东南亚电商的几个发展趋势。以下是我们交流之后得出的几个观点。

东南亚市场与中国市场的对比

考虑到东南亚在地理和文化上与中国非常接近，人们可能以为东南亚电商与中国电商的相似度高于与其他区域。但何潇益说，光拿互联网普及率这一个指标进行比较，东南亚电商就已经落后中国8年。但他认为，与中国电商相比，东南亚电商比较晚熟，所以它的成熟速度会更快一些，如此一来，东南亚电商其实只落后中国5年左右。这主要是因为东南亚各国市场在结构上具有如下相似点：

● 线下零售基础设施薄弱，尤其是一线城市以外的其他地方；

● 人均国内生产总值的增长带动了国内消费；

● 大量资金涌入东南亚电商行业；

● 消费者以年轻人为主，熟悉计算机技术；

● 进口关税高，跨境电商交易保持在最低水平；

● 电商企业竞争白热化，不仅引发媒体广泛关注，同时也促进了电商行业的发展。

何潇益还指出了东南亚市场与中国市场之间的差异：

● 与中国消费者相比，东南亚消费者优先使用手机网购，或者只使用手机网购；

● 由于中国政府曾实行自上而下的计划经济，中国在物流基础设施方面拥有先发优势；

● 阿里巴巴强大的配送能力促使中国电商的优先支付方式从货到付（现）款向支付宝转变；

● 东南亚市场竞争更激烈，因为它是一个更开放的市场。跟中国市场相比，外资更容易进入东南亚市场。[21]

上述观点中，我认为除了一个观点以外，其他都是正确的。相比于中国电商，东南亚电商的成熟速度更快一些，可尽管如此，东南亚电商市场过于分散的特点会阻碍它的发展。此外，东南亚电商缺乏坚实的物流基础设施，这意味着它要花更长的时间才能达到中国电商的繁荣程度。

因此可以乐观地讲，东南亚电商只落后中国 5 年。但无论要用 5 年、8 年还是 10 年时间，东南亚终将会形成一个庞大的电商市场。

社交媒体

到了东南亚以后，我留意到一个现象：电商创业者借助 Instagram 和脸书来创建网店。何潇益说，中国电商用户基本上都是在淘宝上开店，"而据估计，泰国三分之一的电商销售额都是源自社交平台。这是东南亚电商的一大特点，而且整个东南亚电商都是如此，只有新加坡和马来西亚除外"。数据证实了他的观点。ecommerceIQ 对泰国的网购消费者进行了调研，发现在之前的 3 个月里，48% 的消费者通过脸书、Instagram 或聊天软件 Line 购物。实际上，在脸书、Instagram 和 Line 上购物的消费者数量已经超过了最大电商平台来赞达的消费者数量。[22]

何潇益向我举例说明社交媒体的购物流程。小商家在 Instagram 和脸书页面上发布时装和成衣制品等产品，消费者开始关注这些产品，他们浏览产品图片，直至发现自己喜欢的产品；然后，他们通过常用的日本通信软件 Line 联系商家，向商家发问，了解待售产品并讨价还价。一旦消费者接收了产品，商家通常会给对方发一封感谢信。[23]

这个流程看起来既新颖又熟悉，网购用户所使用的社交软件的功能同样可以通过淘宝平台实现。淘宝卖家可以创建高度个性化的店铺简介和博客页面，表达自己的个性，写博文，组建自己的粉丝团。买家可以根据卖家的粉丝数量、关系、评价和沟通风格判断其可信度。尽管脸书和Instagram并非电商平台，但它们也做了大致相同的事情，允许用户通过他们的社交网络博得名声。比如，泰国的买家可以研究脸书上的某个潜在卖家拥有多少朋友和粉丝，以此断定这个人是否值得信任。买家还可以通过产品图片质量和精选品类进一步评估卖家信誉。

淘宝早就允许买家通过手机向卖家发送即时信息进行交流；同样地，东南亚的买家和卖家也想实时沟通，在做买卖之前先相互了解。买家可以提问题并得到答案，这有助于买卖双方在互动过程中建立信任感。

那么，这种相似性从何而来呢？东南亚市场没有淘宝，为什么能演化出属于用户自己的淘宝平台呢？我认为，这是因为中国与东南亚国家具有相似的文化基因，中国人和东南亚人把线下做生意的模式延续到了线上。也就是说，一个巨大的机会出现在了电商企业面前，它们应该及早进入东南亚市场填补这一空隙。阿里巴巴或腾讯可以在东南亚地区创建一个类似于淘宝的集市平台，服务当地市场；而脸书、Instagram 和 Line 等社交媒体也应该考虑进军东南亚电商市场。出于法规方面的限制，这些外资企业无法扎根中国市场，但东南亚市场为它们提供了独一无二的机会。无怪乎脸书率先在东南亚推出了支付机制和"脸书商店"功能，而 Line 也启动了它的"Line商店"。不过，这样的举措只是小打小闹，社交媒体巨头们应再接再厉，全力以赴地占领东南亚市场。否则，一旦这个市场成熟，它们就有可能败给那些目标更明确的集市平台。

群雄混战

东南亚的文化和地理的分散体现在如今的电商市场上。在整个东南亚地区，来赞达所占的市场份额最大，可即便如此，它的渗透率也只有 20% 而已，余下的市场被"群雄"瓜分。即使在相对成熟的新加坡市场，12 家不同的平台也相当均匀地瓜分掉了 90% 的市场份额。[24]

由此，我们可以看到东南亚市场的几个特点。首先，东南亚分散的地理环境反映在电商市场上。其次，东南亚电商市场的现状表明它还处在初级发展阶段，最终的赢家还未成形。最后一点，由于投资人以同样的速度投资所有电商企业，所以除了阿里巴巴以外，没有哪个竞争对手能够在东南亚脱颖而出，占据较大的市场份额。

优先使用手机网购的市场

为了让大家明白手机是如何重塑电商的，我以人均持有 1.4 台手机的泰国市场为例。何潇益指出，泰国的手机普及率已经超过美国和中国等国家，东南亚是名副其实的优先使用手机网购的市场。手机拥有率的增长主要得益于数据传输速度的不断提升和资费的不断下降。3G 手机进入泰国市场不到 1 年，泰国的手机普及率便超过

了美国和中国，这有助于互联网向城市以外的地区发展，因为泰国
85%的手机电商交易额来自城市以外地区；而在印度尼西亚，这一
数据是 79%。[25]

手机拥有率激增的另一个重要因素则是东南亚人喜欢将手机作
为购物手段。

东南亚人起初只是用手机搜索和研究产品。来赞达的报告指出，
截至 2014 年 4 月，来赞达 50%的流量来自手机客户端，因为越来
越多的手机用户开始用手机进行购物，而不仅仅是搜索产品。东南
亚人喜欢使用大屏手机，这对品牌商来说是件好事，大屏手机让它
们有更丰富的手段去推广品牌，而非简单地罗列产品。[26]

东南亚电商投资

2014 年，阿里巴巴上市前夕，全球投资者开始加大对东南亚
电商的投入，其中最有里程碑意义的便是阿里巴巴的大股东软银
向 Tokopedia 投入了 1 亿美元。不久后，传统零售商马哈塔里商城
（Mahatari Mall）宣布投资 5 亿美元创建电商集市平台；不过，后
来该公司宣称 5 亿美元不够，还得从投资者那里再筹集些资金。
2015 年，经历了多年的低投资之后，东南亚电商市场引入的资金飙
升至 6.03 亿美元，成为当年该地区获得风险投资最多的领域。[27]毫
无疑问，电商行业的竞争激烈程度、媒体的关注和广告宣传效应
将促使东南亚民众更加接受电商。

支付方式是一大挑战

东南亚不但缺乏实体零售基础设施，支付方式上也没有太多选择。大部分东南亚人没有银行账户和银行卡，或者开了银行账户但没有信用卡。印度尼西亚 18 岁以上的人中，只有大约 36% 的人拥有银行账户，而同年龄段菲律宾和越南的人中拥有银行账户的比例均为 31%。相比之下，中国 18 岁以上的人中拥有银行账户的比例高达 79%；这非常有利于支付宝的普及，因为支付宝客户要通过银行账户向支付宝转存资金。此外，东南亚的信用卡普及率很低，在最大的市场也只有 8%~18% 的消费者拥有信用卡。越南是信用卡普及率最低的市场之一，只有 3.5% 的越南人拥有信用卡。[28]

有人认为，信用卡和银行账户普及率不高会是电商发展的一大障碍，但在我看来，这是天赐良机。"货到付款"已经成为网购的主要支付手段，但我之前说过，随着线上支付体系的不断发展并达到临界规模，"货到付款"这种支付方式很可能失宠。因此，东南亚线上支付系统很可能会进化成互联网金融机构，打破该地区现有的银行业格局，迫使其完全接受电商或挣扎求生。但互联网金融既是破坏力，也是创造力，它给创业者和小企业提供了一种收取应收账款的手段。

物流又是另一个挑战

何潇益认为，东南亚电商的发展高度依赖于物流和支付方式。如今，只有新加坡在"世界银行物流表现指数"（World Bank Logistics Performance Index, 简称 LPI）中排名较高，位列德国和美国之间。但是，为只有一座岛屿的城市国家提供物流服务和为由数千个岛屿组成的国家服务完全是两码事，难怪印度尼西亚和菲律宾的 LPI 指数排名甚至比印度还要低。[29] 正因为如此，像来赞达和 aCommerce 这样的电商企业才要建立自己的快递团队。

趋势和预测

东南亚电商将如何演变？

品牌专营店的发展机会更大

美国的耐克和苹果等大品牌都创建了线上品牌专营店，而中国市场几乎跳过了这个发展阶段。阿里巴巴的先发优势太过明显，从成立那天起，天猫就把自己建成了一个购物商场，品牌商只要在天猫上开店就可以了。后来，京东商城也成为品牌商争相入驻的平台。

但东南亚市场非常分散，这意味着没有哪个电商企业能够一家独大，这也为品牌商留下了独立开网店的空间。也许品牌商可以将自己的网店与 Line 结合起来，允许员工跟购物者聊天；它们还可以培养一批品牌追随者，在脸书上建立信任感，并通过脸书支付系统或 Line 的支付工具收款。如果自建网店的话，品牌商必须自主管理店铺，包括物流管理和日常经营，但它们不必向集市平台支付佣金。这样一来，品牌商不仅对网店拥有更多控制权，也需要承担更多职责。

品牌商自建网店还对搜索引擎有着重要意义。在中国，搜索引擎过去没有，现在也依旧没有在电商领域扮演重要角色。受政策所限，谷歌基本上已经退出中国市场，而淘宝和天猫限制了百度搜索引擎抓取信息。所以，消费者只能直接上淘宝或天猫搜索产品，而不是借助在西方国家发挥重要作用的搜索引擎。不过，在东南亚市场，品牌商可以向谷歌搜索引擎购买关键字广告，消费者可以通过搜索引擎找到品牌网站，而不必登录天猫商城，谷歌也会因此而受益。

阿里巴巴会设法在东南亚创建类似于中国市场的生态系统

阿里巴巴收购来赞达之举起初让我大吃一惊。阿里巴巴一向崇尚用本土管理者服务本土市场，而非聘请麦肯锡高管或哈佛商学院毕业生从欧洲空降到本土市场做管理。因此，阿里巴巴和来赞达的联盟似乎在企业文化层面上并不匹配。

不过，也许阿里巴巴早就打好了算盘。它要推动来赞达逐渐放弃亚马逊集市平台模式，转变成一个类似于阿里巴巴的集市平台，从而在东南亚市场站稳脚跟。只要能做到这一点，就算企业文化产生冲突也是值得的。按照何潇益的说法，除了阿里巴巴，没有哪家企业能建立这样的生态系统。为此，阿里巴巴已经投资了好几家区域性公司。

当然了，阿里巴巴的做法并非没有争议。随着东南亚电商越来越成熟，尤其是在线上支付变得越来越重要的时候，当地电商企业将会拓展到其他相关领域，想尽一切办法吸引顾客。这些企业会发展壮大，建立更多的合作伙伴关系。电商企业、打车软件、线上娱乐以及专业线上零售商很可能会掀起相互并购的浪潮。每个市场将会经历不同程度的整合，至于整合的力度，那就要看阿里巴巴和来赞达联盟在当地市场的竞争对手有多大本事了。

发展到一定阶段，电商将会与线上金融和金融技术相结合，打破银行业的现有格局

东南亚很多消费者没有开立银行账户或持有信用卡，电商将利用这个机会发展金融技术。目前，东南亚市场极其依赖"货到付款"这一支付方式，而银行账户和信用卡普及率不高，这就意味着线上支付的头把交椅之争将会非常激烈。只要成为电商支付方式的领导者，就很有希望进军金融科技领域。对电商企业而言，网上银行和金融科技很可能成为必争之地。

东南亚跨境贸易进口额将会增加，从而引发贸易冲突

除了新加坡以外，东南亚各国都制定了带有贸易保护主义色彩的法规和约束条件，导致跨境电商无法在东南亚扎根。然而，随着越来越多东南亚人上网购物，大量跨境活动将无法避免，不断壮大的东南亚中产阶级要寻找在该地区买不到的名牌产品和来自中国的廉价进口产品。名牌产品会争先恐后地涌入东南亚市场，东南亚各国需在保护本土零售业和加速电商发展之间保持平衡。阿里巴巴已经为中国卖家和东南亚买家提供了联系渠道，而且正在尝试将天猫国际的卖家转化成来赞达国际的卖家，向另外 6 亿客户敞开大门。

然而，东盟（Association of Southeast Asian Nations，简称 ASEAN）内部的跨境贸易将会面临新的挑战和机遇。泰国的线上生态系统将与印度尼西亚和马来西亚的线上生态系统竞争，如果这些国家的贸易保护主义之风过盛，可能会妨碍本国生态系统的成长，使自己处于一个相对不利的地位。

O2O 和全渠道商业将更容易在东南亚扎根

东南亚零售商目睹了中国电商的崛起，所以它们知道自己迟早要面对电商的挑战。也就是说，为了增加实体店客流量，它们更有可能早日接受线上到线下模式（O2O 模式）。这种情况已经发生了：曼谷的暹罗百丽宫（Siam Paragon）购物中心成为最受 Instagram 用户欢迎的地方，他们经常在 Instagram 上贴出自己在百丽宫购物的照片。精明的零售商会把 O2O 变成企业运营的重要一环；它们会欣然接受电商，而不是视其为洪水猛兽。

印度尼西亚将成为东南亚电商的主战场

印度尼西亚可能会成为东南亚电商实践创意的最理想之地。该国庞大的人口规模吸引了大部分电商投资，而为了坐上印尼电商的头把交椅，各大电商企业也展开了激烈竞争，其中最令人瞩目的当属软银支持的 Tokopedia 与阿里巴巴旗下的来赞达之争。由于它们的商业模式存在互补性，所以，就算将来这两家"死对头"合并，也不足为奇。

SIX BILLION
SHOPPERS

第七章

拉丁美洲电商概况

宁为鼠首，勿当狮尾。

——西班牙谚语

酒店电视里播放着的双人探戈舞让我确信自己已经来到了布宜诺斯艾利斯。那是我的第一次阿根廷之旅，也是第二次南美之旅。我希望此行顺利一点，别像上次那样在波哥大的贫民窟遭遇抢劫，所以我没有出去逛街，而是径直走向酒店餐厅，在那里安静地喝一杯咖啡。

但事与愿违。

我打开一个自助餐保温锅的金属盖子。那沉甸甸的盖子没有被正确安装好，它突然向后翻转，把满满一罐正在燃烧着的斯特诺（Sterno）牌固体燃料掀到我胸前。我低头一看，衬衫着火了，于是立马扔掉了手里的盘子，自助餐厅的宁静顿时被碎裂的盘子打破。我慌忙脱下衬衫，想把火焰踩灭。餐厅里衣冠楚楚的食客听到这一阵骚动，便转过头来看看到底发生了什么，结果发现一个赤裸上身的男人发了疯似的在餐厅中间"跳舞"。

幸运的是，我有惊无险地"逃离"了餐厅，但这件事再次提醒我：在新兴市场，时时刻刻要提防潜在的风险。

我此次来到布宜诺斯艾利斯，是为了拜访拉丁美洲电子商务的先驱、"自由市场"公司的创始人。从 2004 年起，我就留意到了这家公司。当时，谷歌邀请我和来自其他国家的几位客户前往谷歌总部（Googleplex）开会，我在那里认识了一些谷歌的市场营销人员。现在，我来到了"自由市场"的家门口，准备拜访这家公司的团队。

我走出酒店大门，发现天气真是好极了，布宜诺斯艾利斯果然名不虚传①。我沿着树木掩映的街道漫步，边走边欣赏那些带有殖民地时期特色的华丽建筑，顿时有一种身处欧洲之感。

然而，这些曾经完美无瑕的建筑正透露出衰败的迹象。过去这一百年间，阿根廷既经历了繁华，也遭遇过萧条。1871 年至 1914 年这段时期可以说是阿根廷的"美好时代"，当时第一次世界大战尚未爆发，阿根廷是欧洲移民的天堂。在长达 43 年的时间里，阿根廷的国内生产总值以每年 6% 的速度递增[1]，繁荣程度远超法国、意大利和德国，成为全球人均收入最高的十大国家之一。它的人均国内生产总值比邻国巴西高出 4 倍，将这个竞争对手远远甩在身后。[2]

繁华的布宜诺斯艾利斯是阿根廷的中心，它扮演着大型国际口岸的角色，将阿根廷的牛肉和农产品出口到世界各地。阿根廷对其他国家的科技兼收并蓄，将其融合到本国工业当中，国家因此而变得富强，艺术和文化也得以繁荣发展。[3]

但是，第一次世界大战结束后，阿根廷经济受到来自外部世界的冲击，随后的经济大萧条和第二次世界大战又加剧了这个国家所

---

① "布宜诺斯艾利斯"在西班牙语中是"好天气"的意思。——译者注

面临的问题。经济学家似乎一致认为，阿根廷之所以遭遇如今的困境，主要是因为它太过注重商品出口，却没有大举投资教育领域，导致其缺乏创新人才，难以实现工业多元化。一旦全球市场对阿根廷商品的需求产生波动，国内政治形势摇摆不定，阿根廷的经济便很容易受到伤害。[4]

我是2015年去阿根廷的。从当时的所见所闻中我得出一个结论：阿根廷奉行的孤立主义显然让它付出了沉重的代价。由于政府推行货币管制政策，官方汇率与黑市汇率差距悬殊；而高额关税限制了国外产品进入阿根廷。2014年，阿根廷政府陷入债务违约危机，整个国家很有可能被排除在全球金融圈之外，经济深受震动。对于生活在布宜诺斯艾利斯繁华区域的年轻白领来说，即将到来的总统大选是改变政府领导层，使阿根廷经济回归自由市场的大好机会。在阿根廷常年不受待见的电商也在期待改变。

阿根廷已经做好了重新崛起的准备，而它东边的邻居却深陷严重的经济衰退之中。巴西拥有2亿人口，国土面积位居世界第五，并且是由世界五大新兴经济体组成的"金砖五国"成员之一[①]。巴西市场潜力巨大，它吸引了全球资本对拉美电商的绝大部分投资，并形成了一个健康的创业社区。

尽管拉丁美洲拥有6.2亿人口和数量庞大的中产阶级，但拉美各国电子商务的发展依旧落后于中国，这在阿根廷体现得尤为明显。阿根廷电商曾抢得发展的先机，可它的发展速度一直都比不上中国。

---

① 其他四国分别是俄罗斯、印度、中国和南非。——作者注

2000 年年初，据估计拉丁美洲有 50% 的新创企业来自阿根廷，而且阿根廷的互联网注册域名数量排名世界第五。那么，为什么它的电商一直没有发展起来呢？[5]

我的布宜诺斯艾利斯之行是为了采访拉美电商巨头"自由市场"的领导人。这家企业是整个拉美地区电子商务的先行者，它对于电商发展史以及电商在拉丁美洲的进化形式有着深刻的认识。此外，"自由市场"也是拉美地区唯一一家在纳斯达克上市的互联网企业。我要在布宜诺斯艾利斯找出这家公司能够鹤立鸡群、一枝独秀的原因。

"自由市场"

"自由市场"的总部是一幢摩天大楼，公司的大堂里摆放着色彩鲜艳的艺术作品。大楼坐落于布宜诺斯艾利斯的卫星城维森特洛佩斯（Vicente Lopez），从楼上可以远眺乌拉圭。近年来，乌拉圭的社会治安比阿根廷要好得多，公司很多高管把家安在乌拉圭，白天到阿根廷上班，晚上回到乌拉圭。这天，高管团队开了一下午的会，其中就包括首席运营官斯特里奥·托尔达（Stelleo Tolda）和百事可乐前营销主管肖恩·萨默斯（Sean Summers）；前者在"自由市场"成立几个月后便加入了公司，而后者是公司重金聘请到布宜诺斯艾利斯管理集市平台运营部的。

"自由市场"由阿根廷人马科斯·加尔佩林（Marcos Galperin）创立，他的家族经营着全球最大的皮革销售企业之———萨德萨公司（Sadesa）。从布宜诺斯艾利斯的高中毕业后，加尔佩林进入沃顿商学院学习本科课程。大学一毕业，他就被阿根廷一家石油公司聘用。1997 年至 1999 年，加尔佩林返回美国，在斯坦福大学攻读MBA，那时候正是互联网的繁荣期。

和很多早期跨国电商先驱一样，加尔佩林目睹了 eBay 的高速发展，很想将 eBay 的模式引入阿根廷。托尔达是加尔佩林在斯坦福读书时的同窗同学，他回忆说，有天下课后，他在学校图书馆遇到了加尔佩林："马科斯不是那种喜欢去图书馆的人，于是我问他：'你在这儿干什么？'他告诉我：'我在做创业调研，研究一些有可能适用于拉美市场的美国商业模式。'"

在硅谷实习时，他们亲眼见证了电商投资热潮。"我们看到了美国所发生的事情，看到 eBay 上市，新公司不断成立，获得投资人的青睐，"托尔达说，"eBay 是我们早期创业灵感的来源。"[6] 三个月后，加尔佩林创立了"自由市场"，托尔达也加入公司，协助他建立巴西办事处。

早在求学期间，加尔佩林就为"自由市场"打好了基础。他还请自己的金融学教授杰克·麦克唐纳（Jack McDonald）把他介绍给投资人。有一次，麦克唐纳安排加尔佩林在演讲会结束后开车送风险投资人约翰·缪斯（John Muse）去乘坐他的私人飞机，加尔佩林的机会来了。在去机场的路上，加尔佩林成功说服缪斯投资他的公司。MBA 毕业后，加尔佩林返回布宜诺斯艾利斯，在一幢写字楼的地下车库附近的一片小空地上创业。他还请自己的堂兄马塞洛·加尔佩林（Marcelo Galperin）担任公司的首席技术官，并说服自己斯坦福大学的同学埃尔南·卡扎（Hernan Kazah）加入公司，卡扎后来成为公司的首席财务官。

1999 年 8 月，加尔佩林和他的团队在阿根廷启动了"自由市场"网站；次月，他们开始进军巴西和墨西哥市场。当时，拉美市场涌现出很多复制 eBay 模式的电商企业，据估计，这样的企业光是在阿根廷就有 50 多家。为了跟上它们的脚步，加尔佩林、托尔达、马塞洛和卡扎等人通过两轮融资，募集到 5000 多万美元，很快便创建了一个服务于拉美绝大多数市场的网站。

我问托尔达："为什么'自由市场'从未遇到过激烈竞争？"他立刻纠正我的说法，说我犯了一个很多人都犯过的错误。"因为我们的很多竞争对手都没有生存下来，所以大家都以为我们没有竞争对手，"他说，"不过，在公司成立初期，我们其实有很多竞争对手。"他向我讲述了"自由市场"是如何与阿根廷另一家拍卖网站 DeRemate 进行较量的。DeRemate 由艾历克·奥克森福德（Alec Oxenford）带领一群哈佛商学院毕业生创立，奥克森福德和他的大部分同事都曾在波士顿咨询集团工作过，在消费者认可度方面，他的团队遥遥领先。[7]

斯坦福大学团队和哈佛大学团队之间的竞争变得愈发激烈，正如奥克森福德在哈佛商学院上课时讲解的一个案例中提到的那样："我们两个团队都是非常优秀的。我们非常不同，但又十分相似，我们之间的竞争无处不在，无论是在行业研讨会上，还是在潜在投资人的办公室里，甚至在飞机上，我们都可能面对面接触。还有一次，我们居然在同一天举行午餐会，这可能是最令人惊讶的巧合。"[8]

DeRemate 从欧洲一家技术提供商那里获得了专利技术，而"自由市场"则自主研发技术，因此，DeRemate 在技术方面占点优势。

但是，随着时间的推移，DeRemate 发现自己被僵化的技术束缚住了，这反而成了一种劣势。相比之下，"自由市场"可以对技术进行本土化改造，以满足当地市场的需求。[9]

2000 年，互联网泡沫破裂，针对互联网行业的投资开始放缓，但是为了成为拉美市场的 eBay，"自由市场"与 DeRemate 之间的竞争依旧如火如荼。然而，还有另一家公司也想来拉丁美洲分一杯羹，这家公司恰恰就是 eBay。2001 年 2 月，eBay 获得巴西一家主流拍卖网站 iBazar 的控制权。在此之前，eBay 收购了 iBazar 位于巴黎的母公司，而这家母公司在欧洲也经营着几个拍卖网站。互联网繁荣时期，iBazar 的估值接近 5 亿美元，但它最终被作价 1 亿多美元卖给了 eBay。iBazar 首席执行官弗朗索瓦·格里马尔迪（François Grimaldi）跟媒体谈到这笔交易时说道："我们发现，投标者都没有提出太好的收购条件……互联网泡沫破裂后，网络股早已贬值，我们只能看菜吃饭了。"

2001 年秋，试水拉美市场之后，eBay 准备寻找一家当地的合作企业，候选者就是"自由市场"和 DeRemate。那时候投资人可不好找，所以，与 eBay 建立伙伴关系基本上就是孤注一掷之举。获胜者将得到事关企业生死存亡的资金，并且与 eBay 这样的电商龙头建立合作伙伴关系；失败者不仅很难找到新的投资者，而且还要在市场疲软的情况下面对有 eBay 撑腰的竞争对手。

为了博得 eBay 的欢心，各自拥有斯坦福团队和哈佛团队的两家公司展开了一场"选美比赛"。哈佛团队拥有主场优势，因为梅格·惠特曼和奥克森福德一样，都毕业于哈佛商学院。但是，加尔佩林最终成功说服了惠特曼。尽管"自由市场"的交易量相当低，eBay 还是选择它作为拉美市场的合作伙伴。"我们（在 2001 年）的交易量并不大，市场占有率也微不足道。（eBay）告诉我们，它之所以决定跟我们合作，并不是看重我们的市场份额；它更关心哪家公司能在未来占领不断增长的市场，以及该公司的管理团队是否与 eBay 合拍，能够帮助 eBay 在拉丁美洲取得成功，"[10] "自由市场"公司的一位高管对我说："马科斯很善于推销自己的公司。"

eBay 收购了"自由市场"19.5% 的股权，收购总金额未向外界透露。通过这笔交易，仍处于财政赤字状态的"自由市场"得到了一笔救命钱，拥有了巴西 iBazar 的控制权，而且与 eBay 建立了合作关系，得以分享 eBay 的成功经验。eBay 则在拉丁美洲站稳了脚跟，同时承诺未来 5 年内不与"自由市场"竞争。

对"自由市场"的诸多竞争对手来说，eBay 的这笔交易无疑是晴天霹雳。2002 年，"自由市场"收购了它的强劲对手，巴西拍卖网站 Lokau，由此开始横扫拉美市场。从 2005 年开始，"自由市场"又以超低价格，分两个阶段收购了 DeRemate。

在称霸拉美市场的过程中，"自由市场"发现拍卖模式并不适合发展中国家，因为这些市场仍处在电子商务早期阶段。新兴市场的其他电商企业同样发现了这个问题。在成立之初，"自由市场"仿照 eBay 模式创建了一个拍卖网站。尽管已竭尽全力去推广拍卖模式，但"自由市场"还是发现自己的客户都是卖新产品的小商家，没人愿意等待二手产品的拍卖结果。所以，"自由市场"打破了单纯的拍卖模式，引入"一口价"功能。"我们先于 eBay 推出了'一口价'功能，因为我们认为这个功能可以给用户提供更好的购物体验，"托尔达解释说，"卖家比我们聪明多了。我们从他们身上学到了一点：如果以'一口价'开始拍卖产品，那这基本上就是最终成交的固定价格。长期以来，我们提供三种产品陈列方式，分别是'拍卖''一口价'和'固定价格'。有那么一段时间，我们取消了'一口价'，只保留'拍卖'和'固定价格'功能。"截至2004年，eBay网的拍卖物品占比67%，但在"自由市场"网站上，只有14%的物品以拍卖方式出售，其余物品则以固定价格方式出售。[11]

"自由市场"还面临着采用何种收益模式的难题。在创立初期，该公司的收益大部分来自旗帜广告，但eBay模式之所以在美国取得巨大成功，是因为它独辟蹊径，不仅收取商品陈列费，还收取交易手续费，每笔交易的"佣金率"约为7%。但eBay实际上已经垄断了美国市场。而在早期的拉美电商市场，由于竞争太过激烈，"自由市场"和它的主要竞争对手不得不放弃了商品陈列费，这意味着它们只能依赖于交易手续费，但大部分商品的手续费都不高，想靠这些费用赢利，那简直是难上加难。不过，随着竞争对手被收入麾下，其他电商平台逐渐消亡，"自由市场"便又开始收取商品陈列费了。

在其他新兴市场，为了区别于同行，"自由市场"很早就确立了"以创新带动收益"的盈利模式。除了"一口价"以外，它还引入其他功能，比如允许卖家支付额外费用，使它们所陈列的商品更加醒目，如将粗体字用于商品名称；它还允许卖家花钱使自己的产品出现在产品分类列表和搜索结果的顶部。这些增值功能的费用占"自由市场"营收的30%，与大洋彼岸的淘宝所推出的按效果付费的关键字广告有着异曲同工之妙。从这件事上，我们似乎看到了一个规律，即新兴市场的电商卖家总是希望以最低成本展示商品，且可以自由选择需额外付费的增值陈列服务。也许这种方法更适合于销售新产品，因为它更类似于传统的零售模式，并且让那些有成本意识的小卖家有机会调整成本和促销方案，从而找到最适合自己的盈利模式。不过，"自由市场"的营收增长相当缓慢。2002 年，该公司的营收只有 170 万美元。[12]

截至 2004 年，"自由市场"的网站成交总额中有 57% 来自巴西，19% 来自阿根廷，12% 来自墨西哥，哥伦比亚、委内瑞拉、智利、厄瓜多尔、乌拉圭和秘鲁占剩下的 12%。"自由市场"网与 eBay 网在布局、字体和颜色上都非常相似，但它也引入了一些具有本土特色的东西，比如买家保障计划。[13]

刚开始的时候，"自由市场"的重心似乎在阿根廷，因为该公司在阿根廷成立，况且这里是拉美最初的创业中心。但不久以后，巴西电商后来居上。巴西市场拥有更多的人口、更高的银行渗透率，以及更广泛的互联网普及率。"10 年前，巴西人并没有把创业当回事，"托尔达说，"以前，年轻人追求的是安逸稳定的生活，他们更喜欢投资银行、咨询公司和跨国公司的工作，还有的人想当公务员，这样的工作更稳定一些。喜欢冒险的巴西人不多。现在，我觉得这种状况已经彻底改变了，喜欢冒险的人有了更多选择。在过去的巴西，如果你经商失败，就会感到羞愧难当，这种耻辱感很难消除。互联网是个好东西，它改变了巴西的商业文化，让人们以更坦然的心态接受失败。"

托尔达还补充说，巴西的投资环境也发生了变化。"多年以来，购买巴西国库券是一种更安全的投资方式，因为国库券能给人们提供更丰厚的回报，巴西人都不愿意投资风险较高的企业，"他说，"随着时间的推移，人们的投资倾向也变了。如今，巴西已经形成了一个风投圈，新创企业有了资金来源。"尽管巴西的商业环境受到严格监管，而且商品在州与州之间、城市与城市之间流动要缴纳高额的赋税，但电商在巴西的兴起已经是不争的事实，大量风险资金涌入电商业；无论是线上零售商 Cnova 和 B2W，还是线下零售商沃尔玛，都加入了巴西电商的竞争行列。不过，"自由市场"独树一帜，成为巴西互联网集市平台的领头羊。[14]

"我发现，竞争带给我们的好处要大于坏处，这个道理不仅适用于巴西市场，也适用于其他国家市场，"托尔达说，"我们依旧处在电商发展的初期阶段，电商行业仍然有巨大的潜力。当其他人，尤其是那些拥有实体店的人发现网上销售的潜力时，他们也会推动新用户加入电商。除了与我们竞争以外，他们做得更多的是帮助我们建立整个电商行业的客户基础。我坚信这一点。如果你研究一下电商在拉美零售业的渗透率，就会发现巴西的渗透率为 4%，其他拉美国家的渗透率则在 2%～4% 之间。拉美的整个零售业已经开始涉足电子商务，电子商务则反过来推动了零售业的发展，而巴西是这个过程中最大的受益者。"

阿根廷和智利的电商发展道路与巴西相似，而拉美的其他国家，尤其是墨西哥已经落后了许多。"墨西哥市场一直都是'老大难'，"托尔达说，"如果你对比一下纸面实力和真正实力，就会发现墨西哥的差距比其他任何国家都要大。巴西注定要成为我们最大的目标市场，因为它是拉美国土面积最大、人口最多的国家，拥有更大的经济潜力。墨西哥本来应该排名第二的，但事实并非如此，阿根廷超越了墨西哥。我认为，墨西哥的零售业比较保守，该国电信接入成本较高，银行服务渗透率较低。"[15]

当 eBay 注资的印度 Baazee 和中国易趣网都相继沉沦时，"自由市场"却在持续成长，这是它最了不起的地方。或许你会说，这是因为 eBay 只持有"自由市场"的少数股权，而且从未获得过半数控制权。然而，对于"自由市场"而言，独立于 eBay 的运营模式未尝不是一件好事。2002 年至 2008 年，"自由市场"的年营业收入从 170 万美元猛增至 1.35 亿美元；而正是在这个时期，eBay 对 Baazee 和易趣的日常运营工作横加干涉，结果只能眼睁睁地看着它们沉没。与此同时，"自由市场"根据它所在新兴市场的具体情况提供定制化服务，创造性地制订了本土化解决方案，成功破解了当地市场的物流和支付难题。2003 年，"自由市场"推出了 Mercado Pago 支付平台，为消费者提供赊购和分期付款等定制化服务。在拉丁美洲零售行业，赊购和分期付款都是常见的支付方式，Mercado Pago 的服务很符合消费者的期望。"自由市场"还做出了一项改进——允许小型 B2C 卖家使用固定价格而非拍卖模式销售产品。要知道，固定价格模式在发展中国家还没有成功的先例。

"自由市场"并不是从一开始就独立于 eBay 的。eBay 在很多国家都采用同一个套路：先对一家龙头企业进行小额投资，观察它的发展状况，然后再收购整个公司。毫无疑问，对于"自由市场"，

eBay 用的是同一个招数。事实上，围绕着收购问题，eBay 和"自由市场"已经你来我往地打了很多趟太极拳，但双方在收购价格上无法达成一致。"我们彻底喜欢上了自己正在做的事情，如果被另一家大公司收购，我们的热情可能就没有了，"托尔达说，"eBay 曾经是行业标杆，当然，现在我们已经不这样认为了。想起 eBay 的现状，我们甚至感到悲伤。现在回想起来，我们很庆幸当初做出那些决定。西班牙有句老话：'宁为鼠首，勿当狮尾。'"

与 eBay 的谈判告吹后，加尔佩林决定展示一下"自由市场"的能力，他选择了另一种发展途径：去纳斯达克上市。2007 年 8 月，"自由市场"正式上市。上市第一天，它的股价便翻了一番，公司市值达 16 亿美元。对"自由市场"和拉美互联网行业来说，这是一个重要的里程碑，"自由市场"也成为该地区创业者的典范。它的成功经验表明，来自阿根廷的互联网新创企业也能够在纳斯达克上市，并且成为巴西市场的领导者。要知道，巴西是一个极端保守的市场，存在语言[①]、文化和贸易保护主义等诸多壁垒，很多企业在制订市场营销计划时往往会跳过巴西市场。

上市后，"自由市场"的股价一度达到了峰值，后来经历了全球金融危机，股价有所缩水。最近这几年，它的股价开始反弹并稳步上升。通过几笔收购，"自由市场"持续扩大规模，并启动了它的广告平台 AdSales 和物流平台 Mercado Envios，企业生态系统得以进一步扩大。

---

① 巴西的官方语言是葡萄牙语，而非西班牙语。——作者注

　　"自由市场"将公司使命设定为"资本主义民主化"，并开始打造一个包含集市平台、支付和物流在内的"强化版集市平台"，根据新兴市场的成熟度推出不同元素。例如，在巴西市场，"自由市场"为个人卖家提供C2C，为小型零售商、大型零售商和品牌提供B2C，其Mercado Pago和Mercado Envios服务完成了生态系统建设的最后一环。

　　公司的集市平台负责人肖恩·萨默斯解释道："我们每发展一步，都要建立一个跨市场平台，唯一不同的是平台的复杂程度或发展水平各有高低。"[16] "自由市场"不愿涉足的一个领域就是仓储式销售模式。虽然很多竞争对手都这样做，但"自由市场"可不想和商家一起在自己的集市平台上买东西。

　　打造品牌专卖店是"自由市场"最新推出的一项重大举措。和天猫一样，"自由市场"的主要目标是吸引品牌商、制造商和大型零售商进驻自己的平台，共同创建一个有序的精品市场。它不必建立一个像天猫那样的独立平台，因为拉美市场的假货问题没有中国那么严重。更准确地说，"自由市场"希望在不另起炉灶的前提下，将自身从简单的跳蚤市场改造成一个富丽堂皇的购物中心。

　　从2015年开始，"自由市场"的首要任务就是在线上和线下推动支付方式的发展，扩大手机平台上的服务范围，并推动市场接受Mercado Envios所提供的运输服务，建立完整的物流环境。此外，"自由市场"在其开放平台上构建研发人员生态系统，其目的就是促使第三方服务提供商实施外部创新，在"自由市场"的平台上进行创新并提供增值服务。以前有些市场的规模太小，很难为它们提供服务；

而随着时间的推移，"自由市场"现在打算进入这些市场。

　　由于"自由市场"运营着一个比较纯粹的集市平台，所以在支付手段方面，"自由市场"在拉美地区处于领先地位。Mercado Pago 最初的作用只是为集市平台上的交易提供便利；后来，它又引入了更多服务，允许第三方商家使用 Mercado Pago 在"自由市场"集市平台之外接收款项。它们一直在推动更多移动支付方式的发展，并提供移动销售终端支付服务。我在前面提到过，"自由市场"提供信贷服务，该服务满足了喜欢分期付款的拉美市场消费者的需求。据"自由市场"预测，巴西65% 的零售购物都是通过信贷服务完成的，而大约 75% 的 Mercado Pago 用户都会采用这一服务。在高通胀环境下，这种融资支付方式尤为重要。如果 Mercado Pago 向 PayPal 和蚂蚁金服看齐的话，它会成长为一个比支付平台大得多的金融服务企业，正如"自由市场"的一名高管所说的那样："Mercado Pago 前途无量，它的规模将会大得惊人。"

　　从集市平台到电商行业的促进者，"自由市场"的核心业务方向正悄然发生改变。它所销售的产品品类已经从唱主角的电子产品变成了琳琅满目的各类商品。与此同时，它的客户群体也不再仅是出于业余爱好而销售产品的个人卖家，还加入了更多中小型企业和大型零售商。

　　据"自由市场"估计，在拉丁美洲的 6 亿人口当中，约有一半是互联网用户，其中三分之二是线上购物者，这说明网购的普及率非常高。而在"自由市场"的营收中，大约 50% 的收入来自巴西市场，但其他拉美国家市场所占比例有所上升，其中阿根廷占 30%，墨西哥占 8%，委内瑞拉占 7%，拉丁美洲其他地区占 6%。"自由市场"

拥有 1.21 亿注册用户，据其估计，每个月有 28% 的拉美互联网用户访问其网站，还有 15.5 万卖家靠"自由市场"维持生计。"自由市场"的关键指标"网站交易总额"正以每年 25% 的速度良性增长。[17]

在我采访了"自由市场"的管理者和员工之后，这家公司给我留下了深刻的印象，我觉得这是一个强大的团队。它让我想起了我在阿里巴巴的日子。所有人都同心协力，朝着理想的目标前进；而整个公司也营造了一种友好的、脚踏实地的企业文化。"自由市场"赢得了拉美地区"最佳雇主"的称号，在我看来它实至名归。

"我很喜欢享受企业文化和我的工作，在别的地方恐怕很难找到这样一个团队，"托尔达说，"我们对自己的工作充满热情，我们喜欢改变世界。这话听起来似乎是陈词滥调且不着实际，可是，16 年前创业时，我们所做的都是基础性的工作。新时代已经到来，而我们一直是新时代的缔造者之一……作为一个集市平台，我们极大地改变了万千卖家的生活。很多创业者在'自由市场'网站上开店，收获了人生的第一次创业经验。"[18]

公司高管分析了电商没有在拉丁美洲迅速崛起的原因，我认为他们的分析很在理。但我不禁在想：也许"自由市场"需要更迫切的创新感和革命精神，以推动电子商务向前发展。与亚洲同行的网站相比，"自由市场"的网站似乎有点守旧，跟它所服务的中小企业主身上体现出来的勃勃生机不太相符。网站的互动性较差，人们无法实时聊天，拉美人对沟通和讨价还价的需求无法得到满足。亚洲电商企业在网站上为品牌商的店铺提供丰富的图案和多媒体推广手段；而相比之下，"自由市场"除了可以发布产品图片和文字之外，几乎没有提供其他任何服务。虽然我只是初来乍到，但在我看来，拉美的电商正在错失一个大好的机会。

"自由市场"距离美国市场太近，寻找灵感时过于依赖美国的模式，无法设计出符合当地条件且富有活力的集市平台，这是否会导致其成长受到阻碍？作为一家上市公司，随时承受着来自投资者的压力，"自由市场"是否会放弃冒险的想法？它的员工告诉我，公司曾遇到过这种情况。我不禁在想：将来这样的情况可能会越来越多。

电子商务正处在一个转折点，这对"自由市场"来说是个好消息。就像在亚洲一样，手机为拉美电商带来了它们所需的突破性机遇。到 2014 年为止，手机交易额占"自由市场"网站总交易额的 16%。手机是一股足以扭转很多国家经济颓势的强大力量，无论是购物者还是创业者，都手握着这种具有强大力量的全新工具。它将加速电子商务的发展，吸引新的投资者和竞争对手。"自由市场"曾经的合作伙伴 eBay 在拉美市场不断扩张，不再受竞业协议的限制，因为这份协议在几年前就已经过期了；亚马逊的拉美业务也在增长；阿里巴巴旗下的速卖通正在杀入拉美市场；而加尔佩林以前的竞争对手、DeRemate 的创始人艾历克·奥克森福德创建了分类广告网站 OLX，该网站正在该地区扩张。

最重要的是，在墨西哥城，另一家企业正在积极进军拉美市场，在"自由市场"的后院燃起了熊熊大火。这家企业便是火箭互联网公司。它在拉丁美洲成立了电商平台 Linio。除了创立初期的"自由市场"以外，还从未有哪家公司如此野心勃勃地想建立一个覆盖整个拉美地区的电商集市平台。"自由市场"的名字在拉美地区早

已如雷贯耳，火箭互联网是它的对手吗？我将赶往墨西哥城会一会
Linio 团队，看看有什么样的发现。

墨西哥

　　这些年我去过不少国家，也考察过不少市场，但还从未见过像
墨西哥城市中心拉梅尔塞（La Merced Market）那样的市场。墨西
哥城有几百个市场，拉梅尔塞只是其中一个。从殖民时代（1521—
1810 年）开始，这个市场就一直为墨西哥城的商人们提供服务，这
些商人聚集在城市中心的边缘，与来自墨西哥周边和新西班牙（New
Spain）其他地方的商人进行货物贸易。19 世纪 60 年代，政府在当
地建立了一个永久性市场。在过去一个半世纪里，它已经成为墨西
哥城最大的传统零售食品市场。

　　为了了解墨西哥人几个世纪以来是如何进行货物贸易的，我把
拉梅尔塞市场从头到尾走了个遍。整个市场足足有几个足球场那么
大，里面建筑密布，就像由鲜艳的颜色、景象、声音和气味组成的
焰火表演。商贩们坐在整齐堆叠起来的青柠和玉米后面，人几乎是
隐身的；店铺的天花板上悬挂着墨西哥国旗。市场的其他地方是成
堆成堆的绿色、橙色和红色的灯笼椒、安蔻辣椒（Ancho）、墨西
哥辣椒（Jalapeno）和哈瓦那辣椒（Habanero）。看到这么多颜色鲜
艳的辣椒，我的口水都快要流下来了。这时候，一阵辛辣的气雾飘
过来，我的眼睛被辣得睁不开。原来是一些辣椒掉到过道上，被行
人和工人推过的手推车碾得稀烂，辣椒的辛辣气味飘到了空中。

走过一个街区，就离开了农产品销售区，进入肉类和奶制品区。在那里，拔了毛的肉鸡被挂在钩子上，有人推着手推车运送宰好的牛头。胆子小或胃不好的人最好别进这个市场。

接下来是玩具区。那里的商贩出售玩具狼蛛、圣诞饰品和迪士尼彩色陶俑，有些彩俑面带微笑，有些彩俑脸上露出惊恐的表情，似乎知道有坏事将要发生。一些小商贩在市场周边用色彩艳丽的塑料防水布搭成临时摊位，向经过的路人兜售商品。虽然政府不允许他们在那里搭建摊位，但只要用一点钱贿赂监管市场的官员，他们就可以在那里卖东西了。

墨西哥城所有的线下市场都具备曼谷水上市场或孟买露天市场的主要特征，它们都充满了一种原始的创业精神。小贩们不是因为喜欢做生意而创业，而是被生计所迫。但我发现，这样的线下市场通常会转化成一个健康和充满活力的线上市场。

那么，为什么线上市场迄今仍无法发掘墨西哥1.22亿消费者的潜力？美国繁荣的电商刚刚跨越了墨西哥的北部边境，这个拉丁美洲人口第二多的国家是否是最适合电子商务发展的地方？尽管墨西哥是拉丁美洲增长最快的经济体之一，但它的电商销售规模只有40亿美元左右，比阿里巴巴2015年"双十一"前90分钟内的销售额还要少；而墨西哥零售业的年零售额高达2000亿美元。[19]这样的现状有可能会改变吗？

墨西哥电商的初期表现不错。由于智能手机的普及，墨西哥市场的互联网渗透率稳步上升。超过半数的6岁以上的墨西哥人都在使用互联网，85%的互联网用户都在使用社交网络。但是，只有大约四分之一的互联网用户在线上购物。[20]

逛完拉梅尔塞市场之后，我立刻前往 Linio 的地区总部，那里是火箭互联网公司在拉丁美洲与亚马逊分庭抗礼的地方。2012 年，火箭互联网创立了 Linio。从那时起，Linio 逐渐从火箭互联网剥离出来，发展成为独立经营的公司。Linio 的最大股东依旧是火箭互联网，但它同时也引入了更多投资者，包括金纳威克投资公司（Kinnevik）、摩根大通（J.P. Morgan）和霍茨布林克出版集团（Holtzbrinck）。Linio 公司专注于开发除巴西以外的拉美市场。当我在 2015 年秋天拜访 Linio 总部时，它的业务已经拓展到 8 个拉美国家，并计划在拉美再开拓 4 个市场。Linio 估计，它可获取的市场加起来将构成世界第五大经济体，并自称是"全球访问量最大的多品类电商网站，并已进入除巴西以外的主流拉美国家市场，包括哥伦比亚、墨西哥、秘鲁、委内瑞拉、智利、巴拿马、阿根廷和厄瓜多尔"。未来 5 年，假如 Linio 能抢占 25% 的市场份额，那它的营收将有望达到 130 亿美元。[21]

Linio 声称其拥有除巴西以外拉美电商网站流量的 30%，仅次于阿里巴巴的速卖通。不出意料，"自由市场"对这一排名提出异议，称 Linio 在定义拉美电商网站流量时没有将"自由市场"包含在内。"自由市场"的肖恩·萨默斯说："这都是些胡说八道的营销手段……他们最近在进行新一轮融资，所以我觉得他们在做大量的公关工作。"萨默斯说，Linio 的套路就是"先忽略'自由市场'的存在，然后说'我是最大的'"。在萨默斯看来，Linio 只是在矮子里面挑出来的高个而已。[22]

　　这场竞争悄无声息地开始，愈演愈烈。"自由市场"模仿的是
eBay 模式；Linio 跟东南亚的来赞达和非洲的 Jumia 一样，模仿的
是亚马逊模式。Linio 起初是一家拥有自己仓库的纯线上直营零售
商，但随着时间的推移，它成为一个所谓的"受控集市平台"，控
制着包括物流和订单履行等各个环节。从某种意义上说，Linio 正
尝试将其他国家集市平台的所有特征糅合在一起。比如：它控制着
供应链，这点像亚马逊和京东；它允许其他商家在自己的平台上出
售产品，这点像天猫和亚马逊；它协助商家履行订单，这点像亚马
逊；它还提供融资，这点又像支付宝和 PayPal。Linio 控制着从购买
产品到履行订单的每一个环节，它认为这正是自己有别于 eBay 或"自
由市场"的地方。为了涉足新领域，它甚至增加了一个职能部门，
负责发展食品杂货店。

　　Linio 总部位于墨西哥城绿树成荫的商业区。在办公室外面，叫
卖墨西哥玉米卷的小摊上冒着腾腾热气，吉他手向在路边用餐的行
人弹奏着小夜曲。这样的场景提醒人们：尽管墨西哥近年来声名狼
藉，毒品暴力和绑架案件频发，但日子还得过，生意也要继续做。

　　与头号劲敌"自由市场"不同的是，Linio 的办公室让人感觉更
像是一个初创企业。除了明亮的"Linio"橙色塑料字体布满办公室
大厅之外，它的室内装修看上去颇有火箭互联网的风格，一切家具
设计都是为了便于员工快速移动和执行工作。从某些方面来说，这
是个好迹象，说明 Linio 团队没有贪图安逸。

　　公司首席执行官安德烈斯·梅耶尔德（Andreas Mjelde）接待了
我。梅耶尔德穿着白色 T 恤衫、深色裤子和白色网球鞋，他看起来

更像是互联网创业者，而不是曾经那个麦肯锡公司的顾问。从外形到血统，梅耶尔德都是一位典型的火箭互联网首席执行官。我问他，从咨询行业跳到一家新创公司，他有什么感受。他对我说："感觉很好。现在，我每天都要亲自去做一些切实的事情，解决一些难题。电子商务最令人兴奋的地方就是你只要做了事情，几乎立刻就可以看到结果，这跟我在麦肯锡做项目有着天壤之别。" 2012 年，梅耶尔德以联合创始人的身份加入 Linio 公司。他原本打算在北欧五国创办一家电商企业，于是联系上了奥利弗·桑维尔，准备讨论合作事宜。奥利弗说服他前往新兴市场，因为那里的机遇比成熟的北欧市场要多得多。奥利弗曾问梅耶尔德是否有兴趣去非洲、亚洲或拉丁美洲，梅耶尔德直言不讳地解释了他是如何做出决定的：

"在我看来，这是个非常简单的逻辑问题。电子商务是由零售驱动的，而零售业是由经济规模和国内生产总值驱动的；更确切地说，零售业的驱动力是可支配收入。墨西哥的确是一个很大的经济体，以墨西哥作为跳板，进军除巴西以外的拉美市场，这是件非常有趣的事情。除巴西以外的拉美市场将成为世界第五大经济体，它的经济增长速度将超过排名第三和第四的日本和德国。"

梅耶尔德认为，拉丁美洲实体零售业不发达，这就意味着该地区的电商发展潜力有可能超越如今的主流电商市场。"在美国，人均零售面积是 46 平方英尺，中国大约是 11.5 平方英尺；而在拉丁美洲，人均零售面积只有 2 平方英尺。美国的零售面积是拉丁美洲的 20 多倍。就长期潜力而言，电商应在总体零售中占有较高份额。"

我说："也许事实如你所言，但为什么拉美电商花了这么长时间才起步呢？"

"为了发展墨西哥电商，人们做过好几次尝试。第一轮尝试发生在 20 世纪 90 年代末；第二轮尝试发生在七八年前；现在是第三轮尝试，起始时间大约在 2011 年至 2013 年。"梅耶尔德说道。第一轮尝试时，还没等到吸引大量投资，互联网泡沫就破裂了，所以拉丁美洲从未真正得到它所需要的支持。第二轮尝试因基础设施不完善而中途受阻。当时的电信市场中，墨西哥电信公司（Telmex）一家独大，它对于自身 60%~80% 的利润水平非常满意，根本不想做出任何改变；当时手机也尚未普及，因为手机服务也是一个垄断行业。但在 2012 年，政府打破了少数企业对固定电话和手机的垄断，互联网接入率大幅提升，资费随之下降。梅耶尔德说，改革的成果就是，"无论用固定线路还是手机上网，费用都相当便宜"。[23]

物流是另一个重要因素。墨西哥的物流业不够发达。但近年来，像敦豪和联邦快递等知名物流供应商开始在墨西哥积极布局，由此产生的竞争已经改善了该国的物流现状。

按照梅耶尔德的说法，商业模式的变化也是一大因素。"进入市场之后，我们借鉴了印度和中国行之有效的经验，推行货到付款的支付方式。之前没有电商尝试过提供这种服务，我也不知道其中原因。"梅耶尔德补充说，他推测当地企业可能太过专注于复制在美国行之有效的模式。货到付款是一大突破，它不仅解决了信任感缺失的问题，也弥补了墨西哥很少人拥有银行账户这一缺陷。

除了推出"货到付款"的支付方式之外，Linio 和同行还允许用户在墨西哥 1.3 万家 OXXO 连锁便利店支付货款，从而弥补了支付方式的缺口。顾客只需在网站打印出商品条码，扫描条码，然后就可以到 OXXO 进行现金支付。虽然这不是一个完美的解决方案，但它有助于弥补支付方式的缺口，并解决生态系统中的一个关键问题。"生态系统的成长才是最重要的，"梅耶尔德说，"现在我们可以看到，生态系统确实在成长。" 24

一位曾在 Linio 担任区域经理的员工向我抱怨说，公司里几乎没人谈论价值观或某种更高的目标。"自由市场"的企业目标是关于改变社会的，颇具硅谷特色。加尔佩林说过："我们的使命是使电子商务民主化，并改变拉丁美洲数百万买家和卖家的生活。" 25 我问梅耶尔德：Linio 的企业目标是什么？他所说的使命少了几分诗意："我们的长远目标是成为拉丁美洲最大的线上和线下零售产品供应商。"

平心而论，成功企业一般不会以带有利他主义色彩、改变世界的理想作为它们的最初目标，所以，我一直以开放的心态听梅耶尔德继续阐述观点。"拉美市场的特点是产品价格太高，这是高税收造成的。还有，你只要跟拉美地区的品牌商聊一聊，就会发现他们为拉美市场设定的价格比欧洲、美国和亚洲市场高得多。对许多制造商而言，拉美一直都是赢利的市场。那里的商品价格历来很高，其次，商品的存货量很少。墨西哥城倒不缺货，但是如果你到二线城市，就会发现那里能买的东西非常少。这正是 Linio 可以大显身手的地方。购买同一件商品，韦拉克鲁斯（Veracruz）的消费者所花的钱绝对没理由高于迈阿密的消费者。"

随着时间的推移，Linio 的商业模式发生了变化。"我们太长时间采用同一种零售模式了，"梅耶尔德说，"我们知道集市平台作用很大，但我们认为两种模式的比例有可能会是五五开……我希望有一天集市平台的比重可以达到 80%，甚至 100%。"

Linio 在拉美地区的扩张带有浓郁的火箭互联网色彩：先遍地开花，然后再重点培养。梅耶尔德说，在"全面出击"策略的指引下，火箭互联网太急于进入大量新市场，却没有排出优先次序。"我们对所有市场都志在必得，有些市场的增长潜力比其他市场要高得多，我想你有时候也不得不承认这一点，"梅耶尔德说，"拉丁美洲幅员辽阔，从这里飞往阿根廷需要 11 个小时，虽然拉美各国操着相同的语言，文化也大致相同，但很多方面都存在差异。墨西哥市场注重品牌文化；哥伦比亚市场不注重品牌，而是以交易为导向；秘鲁没有物流行业，因此人们白手起家，扩大企业规模的机会就更少一些；阿根廷市场成熟度较高，所以与其关注那里的每一个垂直行业，倒不如关注某些产品类别。"他说，以阿根廷尚未饱和的线上图书市场为例，布宜诺斯艾利斯的人均实体书店数量比世界上其他任何地方都多，说明这个城市对图书的需求量很大，而且线上书店有机会以折扣价在网上销售图书，从而削弱实体书商的地位。

那么，为何 Linio 只开发除巴西以外的拉美市场，却唯独不进入巴西市场呢？

梅耶尔德列举了几个原因。首先，巴西市场要成熟得多，而且拥有 B2W 等实力雄厚的本土电商，竞争也更激烈一些；其次，巴西的税收制度和法律法规很复杂，很多州的税收政策不一样；第三，巴西的物流设施比较落后。

我问梅耶尔德：拉美市场和其他市场有什么不同？梅耶尔德提到了信贷的重要性："要进军拉美市场，企业必须设立信贷部门，这是非常重要的。拉美市场的信贷需求比亚洲和非洲市场大得多。只要研究一下传统零售商，你就会发现它们的信贷部门非常强大。提供信贷的能力也是一种竞争优势，其重要性不亚于店铺本身、产品组合能力或议价能力，而绝大多数电商企业没有将提供信贷的能力作为它们的价值主张的核心内容。我们起初也没打算将信贷纳入企业的核心定位，但现在，它正逐渐成为我们的核心业务。"为了满足这一需求，Linio 推出了品牌联名信用卡业务，梅耶尔德预计这项业务将继续增长。

Linio 是否看到了进军线上金融服务的巨大机遇？"我们要先迈出第一步……我不知道线上金融到底是不是我们最终的发展方向，"梅耶尔德说，"但我认为，我们必须保留这种可能性。"事实上，拉美的零售企业通常都拥有一家自己的银行，因此，我料想拉美市场的线上零售商将大举进军线上银行业务。

那么，拉美地区的竞争激烈吗？

"我倒不会担心本土零售商转战线上，但跨国企业是很强劲的对手，就算它们不进军拉美市场，我也会这样说……我们看到亚马逊和 eBay 已经在墨西哥建立了分支机构，可这些分支机构想生存下来，不是件容易的事情，"梅耶尔德说，"跨国企业堪称庞然大物，但它们在墨西哥组建的小团队要么得不到关注，要么没有获得相关的信息技术资源……可以肯定的是，自从亚马逊和 eBay 进入墨西哥市场以来，我们的创新速度一直都比它们快。"但是，墨西哥消费者喜欢从海外线上零售商那里购买产品，来自跨境贸易的竞争才是梅耶尔德最头疼的问题。他说："墨西哥的（税收）法规对（Linio这样的）本土公司不利，反而有利于亚马逊。"

但梅耶尔德承认，跨境贸易也为 Linio 提供了一个机会。跨境贸易已成为该公司一项重要的业务，这也许是一种新的趋势。正是通过跨境贸易，速卖通成为拉美市场最重要、最被广泛使用的集市平台之一。"现在，Linio 几乎 20% 的业务是跨境贸易，"梅耶尔德说，"我们产品的价格终于能匹敌中国产品的价格了，很快，我们的产品种类也可以赶上中国电商。对消费者来说，这可是翻天覆地的变化。"

至于"自由市场"，梅耶尔德没有多说什么。也许他没把"自由市场"视为直接竞争对手，又或许他想避而不谈这家上市公司。但评价起 Linio，"自由市场"的员工可毫不留情。"自由市场"的一位高管告诉我："Linio 那帮家伙非常聪明，而且很有进取心，我很欣赏这种品质，也很尊重他们的决心和魄力。但是，他们一直没有证明自己能够在拉美地区建立一家可持续发展的企业。"[26]

随着这两家公司相互借鉴对方的业务模式，双方的"口水战"也会愈演愈烈。"自由市场"拥有较长的发展历史，而且是一家上市公司，这是它的优势，但也是它的劣势。Linio 的优势则是它可以从零起步构建平台，而不会受企业传统的拖累。

毫无疑问，Linio 和"自由市场"之间的斗争才刚刚开始，而随着电商市场的飞速发展，其他竞争对手也将加入这场战斗。在此过程中，诸如墨西哥这种一直没有引起人们注意的庞大市场将成为聚光灯下的焦点。

哥伦比亚则是另一个值得关注的市场。尽管巴西经济近年来持续疲软，委内瑞拉经济也处在崩溃的边缘，但哥伦比亚市场却成为拉美地区的一个亮点。在波哥大街头被劫两年后，我再次应哥伦比亚政府的邀请来到了这个国家，只是这次邀请方换成了商务部。那里的变化令人兴奋。在我第一次拜访哥伦比亚时，有人告诉我："我们这里没有电子商务，因为人与人之间的信任度不高。"现在的情况完全不同了。

接待方中有一位女士，她热情洋溢地和我讨论着电商如何改变了她的生活。"现在，我的所有东西都是在网上买的，"她说，"包括衣服、日用品、车票，实在是太有趣了，网购节省了我很多时间。"她还向我展示了她最喜欢的一款应用软件 RAppi。这款软件是由一群本土创业者开发的，而她恰巧是他们的朋友。RAppi 是我见过的最有创意和最有趣的购物软件之一。只要打开软件，把里面的日用品和其他商品放到虚拟购物篮中，便轻松完成了购物过程。这款软件完美复制了实际购物体验，消费者可以从堆满各色芒果、番荔枝和椰子的虚拟水果摊上选择自己想要的商品，然后把它们拖到秤上称重，让人感觉就像是在拉梅尔塞市场上买东西，而不是在有点单调无聊的亚马逊网站购物。本土研发的 RAppi 的市场反响不错，它已经被出口到其他国家，甚至被引进西班牙。

更有趣的是，它从问题中发现机遇，妥善解决了波哥大的城市安全问题。她告诉我："如果我赶时间，或者不想在晚上跑去自动取款机取钱，我甚至可以用这款软件取钱。"钱由快递公司亲手送到顾客家门口，快递公司收取一定的费用（当然了，快递员衣着打扮会比较低调，以免引起抢劫犯的注意）。还有，你还可以用手机软件支付快递费用。

难道说哥伦比亚已经准备好释放它的电商潜力了？经过一番漫长等待之后，哥伦比亚的电商革命似乎要开始了。

趋势和预测

拉美电商终将显露出繁荣的迹象

考虑到拉丁美洲就在美国的家门口，很难相信它的电子商务会发展得如此缓慢。人们可能会认为拉丁美洲毗邻硅谷，思想的相互交流必定会促使拉美电商以更快的速度发展。但出人意料的是，电子商务漂洋过海，先在大洋彼岸的亚洲开创了黄金时代。

除了巴西电商较为繁荣以外，拉美其他国家电商的发展受到了几个因素的阻碍。受政府法规和产业保护主义所限，拉美的互联网不像中国和东南亚那样普及，费用也不如后两者低廉。在创业方面，拉丁美洲也受到了较保守的投资文化的影响，因为许多大型投资者都是企业集团或传统企业，习惯将"旧经济"指标应用在"新经济"企业身上。

另一个因素是硅谷企业多元化不足。亚洲人占美国科技巨头雇员总数的30%～40%，但在谷歌、微软、雅虎和领英等公司，西班牙裔员工的占比仅为4%～5%。[27] 来自印度、中国和东南亚的侨民分享了美国的专业知识和经验，这是亚洲电子商务得以繁荣发展的主要原因；而相比之下，硅谷的技术管理团队中缺乏杰出的西班牙裔人士，所以，一些创意要花更长的时间才能从美国科技巨头传播到拉丁美洲的本土新创企业。

随着拉美电商在未来几年发挥出自身的潜力，这些问题都会迎刃而解。就像在亚洲一样，智能手机的普及将是关键驱动因素，拉丁美洲民众将首次享受到手机购物的乐趣。拉美创业者将继续研究来自亚洲的全新商业模式，并将其应用于拉美市场，创造出更适合发展中国家的模式，而不是照搬照抄美国模式。看到拉美电商的潜力之后，科技型风险投资人和私募股权基金最终会给拉美创业者提供他们所需的资源，从而推动其生态系统的发展。

巴西经济不景气将会推动电子商务的发展

电子商务是有弹性的，当宏观经济整体向下时，电商会逆势而上，而且总体上优于宏观经济，这是我们在中国市场积累下来的经验。没错，强劲的经济增长能够带动电商向前发展，但它也滋生了自满情绪，消费者在不断支出的同时，传统零售商却未能及时创新。不过，当经济不景气时，消费者会想方设法节省开支，而节省开支的最佳方式就是线上购物。

即便遭遇严重危机（比如寨卡病毒传播），创业者也能从中发现机遇，想办法满足市场需求。当初中国暴发非典，人们不敢面对面地做生意，买家和卖家将生意转移到线上，从而加快了电子商务的发展。新兴市场波动性很大，因此，尽管巴西经济潮涨潮落，起伏不定，电商的命运也随着新兴市场的波动而起伏不定，但从长远来看，巴西电商将持续稳定增长。

墨西哥已成为最具电商发展潜力的拉美国家

也许你正在创建一个电商平台，想在传统零售渠道之外扩大品牌影响力；也许你是一名创业者，正在寻找一个新的市场。无论哪种情况，墨西哥都是未来几年最值得你关注的国家。在墨西哥，已有 1.223 亿用户首次通过智能手机接入互联网，他们是潜在的消费者。至于特朗普当选美国总统会对墨西哥经济带来什么影响，尚不清楚，但墨西哥电商绝对是一个亮点。通过亚马逊这样的跨境贸易平台，或 Linio 和"自由市场"等本土平台，商家将比以往任何时候都更容易接触到墨西哥的消费者。

阿根廷电商市场潜力仅次于墨西哥

阿根廷的新政府上台后，大力倡导商业改革，阿根廷的经济状况似乎即将得到改善，而电商应该是最大的受益者之一。多年来，货币管制和严格的进口监管阻碍了当地电商的发展。但是，如今随着政策向商业倾斜，阿根廷的电商行业迎来了反弹的机会，有望赶上其邻国兼竞争对手巴西。

哥伦比亚是处于早期阶段的电商强国，电商行业即将腾飞

哥伦比亚政府与哥伦比亚革命军（the Revolutionary Armed Forces of Colombia，简称 FARC）达成和平协议之后，这个拉美地

区人口第三大国终于做好了迎接电商热潮的准备。如果和平得以维持，哥伦比亚的政治局势将更加平稳，稳定的经济将吸引更多的风险资本。哥伦比亚人富有创业精神，而经过多年的经济停滞，消费者渴望过上更美好的生活。因此，与拉美其他国家相比，一些新的创意将会更快地在哥伦比亚生根发芽。没错，哥伦比亚的安全问题是可以解决的，但前提是创业者们珍惜机会，找出符合国情的解决方案，而不是等待别人来解决安全问题。

SIX BILLION

SHOPPERS

第八章

非洲：电商的最后一块处女地

这不是我第一次收到来自尼日利亚的陌生人写的电子邮件了，但却是我第一次考虑回复这样的邮件。

"我在尼日利亚经营一家电商企业，闻悉您拍了一部关于阿里巴巴的电影，请问如何才能看到这部影片呢？"这位陌生人写道。

"现在那里还没有上映这部影片，但如果你支付我差旅费，我会坐飞机过去做一次展演和互动问答。"我在邮件里回复道。

"真的吗？我们可以支付这笔费用。我会让我的团队联系您，由他们来跟您敲定具体细节。"

想到要去一个陌生的国度旅行，我起初还觉得很兴奋。可当那股兴奋劲逐渐消退时，我开始觉得有些不安了，因为我根本不知道对方是什么来路。和很多人一样，我之前也收到过来自尼日利亚的电子邮件，对方要求我将自己的毕生积蓄交给一位已故尼日利亚王子的家人，以换取一家金矿的契约。这封来自拉各斯的电子邮件是真的吗？或只是一个精心设计的骗局？

在谷歌上搜索了一番之后，我发现写邮件的人不是拉各斯某个网吧里的骗子，而是 Konga.com 网站创始人兼首席执行官西姆·沙加亚（Sim Shagaya）。此前我从未听说过 Konga 这家公司，于是向一位在领英上跟西姆有联系的朋友求助。

"没错，西姆是位名人，"我的朋友说，"他人很好，谦虚，聪明，勤奋，受人尊敬。我和他是哈佛商学院的同班同学。他的理想就是把自己的公司 Konga 打造成非洲的亚马逊。"

几个月后，我登上了一架从休斯敦飞往拉各斯的飞机。飞机上坐满了美国石油公司的高管和尼日利亚侨民。前者是去尼日利亚视察分公司业务的；而后者则带着大袋小袋的美国货回家与家人团聚，这些袋子就满满当当地塞在他们头顶的行李舱里。

飞机掠过拉各斯郊区，即将降落在穆塔拉穆罕默德国际机场（Murtala Muhammed International Airport）。拉各斯城郊大部分是一层楼高的建筑，屋顶的铁皮基本都是修补过的。房屋周边是尘土飞扬的土路，黄色的小巴车和摩托车驶过，扬起红色的尘土。我走下飞机，看到一个人拿着带 Konga 标志的牌子在门口迎接我。他带我走出入境通关口，我顿时见识到了尼日利亚臭名昭著的腐败现象。当其他人还在排着长队的时候，接机的那个人带我走到一张桌子前，跟坐在桌子后面的官员聊了几句，他们就让我过去了。原来，我的接机人是个捎客，他的主要职责就是带旅客迅速通关。入境处周边有不少这样的捎客帮助人们通关，毫无疑问，他们要给入境处的官员回扣。这次旅行过程中，我还跟其他游客聊过。他们说，如果没有人护送过关的话，往往会被入境处的官员敲诈勒索。

走出入境处，那位捎客把我交给前来接我的司机。夕阳西斜，我们的车沿着高速公路行驶着，路边随处可见燃烧着熊熊烈火的垃圾堆。尼日利亚是一个典型的发展中国家，似乎人人都是创业者。我看到路边一排排临时搭建的夫妻小店，还有人在红绿灯那里向路过的车辆兜售瓶装水、零食和小饰品。在大型十字路口，警察举着AK-47步枪维持治安。

尼日利亚的贫穷程度堪比印度，而最能体现其贫穷的地方莫过于第三大陆桥（the Third Mainland Bridge）。这座桥横穿拉各斯潟湖（Lagos lagoon），被马可可贫民窟（Makoko slum）所环绕，那里有成千上万间临时搭建的高脚棚屋，形成世界上最大的水上漂浮城市。但它与曼谷的水上市场又有所不同。居民们划着船穿过运河和水道，在他们的独木舟上出售物品。潟湖边上有一个冒烟的巨大垃圾堆，小孩子们在那里捡东西。

这就是殖民主义留下的烂摊子。尼日利亚的行政机构效率低下，经济严重依赖出口，95%的原油出口国外。这个国家遭受了所谓"资源的诅咒"，贪污腐败现象十分普遍。

腐败已经渗透到尼日利亚人日常生活的各个领域，人与人之间毫无信任可言，而"信任"恰恰是电子商务的关键。因此，尼日利亚比世界上任何一个地方都难以发展电子商务。早年负责运营阿里巴巴网站时，我就生平头一回遇到这样的问题。那时候，我们经常遭遇尼日利亚人制造的骗局，甚至打算全面禁止尼日利亚人成为阿里巴巴会员，但后来考虑到这样做有失公平，最终放弃了这个念头。

然而，尼日利亚的腐败已经超出了"网络钓鱼"的范畴。丹尼尔·乔丹·史密斯（Daniel Jordan Smith）在他2007年出版的著作

《腐败文化：尼日利亚日常骗术及民怨》（*A Culture of Corruption: Everyday Deception and Popular Discontent in Nigeria*）中提到：在尼日利亚，学生贿赂老师，警察在检查站勒索过往行人，江湖郎中用假药欺骗病人，妻子欺骗丈夫，流氓团伙勒索小巴司机；楼房外面经常涂有"此房概不出售"等字样，因为尼日利亚骗子有一项悠久的传统，专门骗别人买那些市场上不存在的房产。

虽然日常生活充满艰辛，但尼日利亚人在幸福感和乐观态度方面始终位居世界第一。初来乍到，你就能感受到尼日利亚人欢乐的笑声，他们对外界的偏见置若罔闻，享受眼前的温暖和幸福。2014年年初，这种乐观情绪开始在电商行业生根发芽。被外界忽略多年之后，尼日利亚电商吸引了数亿美元的投资。非洲电商（尤其尼日利亚电商）是否即将开启一个崭新的黄金时代？

如果说电商即将风靡非洲，那尼日利亚就是它理想的起飞之地。尼日利亚拥有 1.73 亿人口，是非洲人口最多的国家。以某些指标衡量，它位列非洲最大经济体，超过了南非。它既是西非国家经济共同体（Economic Community of West African States）的总部，也是从贝宁到多哥等 15 个国家组成的贸易区块的门户，该区块人口达 3.4 亿。

手机互联网的普及使尼日利亚网民的比例从 2009 年的 20% 增加到 2014 年的 41%。该国中产阶层迅速成长，他们对国际性品牌青睐有加。随着外资不断注入，尼日利亚的电子商务规模在 2014 年几乎就要超过 5 亿美元。这个数字虽然很小，却是可以燎原的星星之火。

也许更重要的是，非洲有组织的实体零售业极不发达。尼日利亚和喀麦隆有 98% 的零售额来自本土不正规的小店和夫妻店，加纳和肯尼亚的这一数字则分别为 96% 和 70%。（凡事必有例外，南非便是一个特例，该国 60% 的零售额来自正规零售店。）整个非洲大陆的年零售额达 8230 亿美元，其中 90% 来自非正规零售渠道。[1]

此外，非洲现有的有组织零售业亟待改进。棕榈树购物中心（Palms Shopping Center）曾是最受拉各斯精英阶层欢迎的商场之一，而如今这家公司正濒临倒闭。购物者要在一条双车道的道路旁等车，再坐一个小时的车才能到达棕榈树购物中心。尽管南非的连锁杂货店开始进军尼日利亚市场，但糟糕的道路和基础设施阻碍了它们的成长。

到机场接我的那位司机名叫斯坦利（Stanley），和他交谈之后，我发现尼日利亚已经为电子商务的发展做好了准备。我告诉他，我以前在阿里巴巴工作过，他一听到这话，立刻指着自己的牛仔裤说："真的吗？这条牛仔裤是我在速卖通上买的。"

裤子是从中国快递到尼日利亚的。"为什么？"我问他，"拉各斯不是到处都有牛仔裤买吗？"

"是的，但这条牛仔裤要便宜得多，"他告诉我，"我不得不等几个星期，但裤子终于还是寄到了，而且质量很好。我甚至在速卖通上买了一台电脑，遗憾的是，那些家伙骗了我，但速卖通把钱退给我了。"他说这番话时表情淡定。斯坦利甚至开始考虑自己创业，在网上出口柯拉果。他征求我的意见，我尽管不了解柯拉果市场，但还是鼓励他尝试一番。

到达南方太阳（Southern Sun）酒店时，那里的景象让我看到了尼日利亚经济蓬勃发展的迹象。南方太阳酒店位于伊科伊岛（Ikoyi），外籍人士和本土精英阶层都聚集在这个岛上。按照国际标准，这家酒店十分普通，走廊破旧不堪，房间很小。然而，由于近来到访拉各斯的投资者数量激增，酒店房价高达 500 多美元。酒店门口站着两名手持 AK-47 的警卫，联想到博科圣地组织（Boko Haram）在农村地区为非作歹，酒店的安保措施让人感到欣慰。

入住后，我刚给电脑插上电源，房间就断电了。原来停电的不仅仅是酒店，整座城市都停电了。电灯整夜都在时亮时灭，这让我想到了一个问题：这里连电力供应都不稳定，又怎么能经营电商公司呢？

但非洲创业者并没有望而却步。南非的拍卖集市平台 Bidorbuy 是非洲最早的电商企业之一，至今屹立不倒。Bidorbuy 成立于 1999 年，和当时多数电商企业一样，它模仿的也是 eBay 的经营模式。公司创始人安迪·希金斯（Andy Higgins）当时住在伦敦，帮助欧洲企业推出了几个拍卖网站。后来，有投资人找到他，想让他在自己的家乡南非创建一个非洲版的 eBay 平台。他创立了 Bidorbuy，并很快将业务拓展到了国外，从澳大利亚到印度，他创建了一系列集市平台。互联网泡沫破裂后，Bidorbuy 发展受阻，希金斯被迫关闭了大部分集市平台，并解散了团队，只剩下他和另一名员工驻守公司。

希金斯将印度的业务卖给了当地的竞争对手 Baazee。他决定以最小的投入维持 Bidorbuy 的运转，边经营着企业边攻读 MBA 学位。Bidorbuy 终于生存了下来。到 2010 年为止，网站每月有效访客数量超过 110 万人，网站每月总交易额达 200 万美元。[2] 然而，尽管

Bidorbuy 已经站稳了脚跟，而且南非也迎来了电商发展的最佳机遇期（理论上的），但截至 2014 年，电商销售额只占南非零售总额的 0.59% 左右。[3]

沿着南非的海岸线往北走，我们来到非洲发展电子商务最成功的国家之一肯尼亚。肯尼亚是非洲撒哈拉沙漠以南地区的第四大经济体，拥有 4400 万人口，常被奉为该地区第三大具吸引力的电子商务市场，仅次于尼日利亚和南非。肯尼亚对非洲电商最大的贡献就是开风气之先的"手机钱包"（M-Pesa）线上支付系统。

2007 年，肯尼亚最大的移动网络运营商萨法利电信公司（Safaricom）推出了"手机钱包"服务，允许小型创业者用手机偿还小额贷款。到了 2013 年，肯尼亚全国三分之二的成年人都使用该项服务，其交易量相当于肯尼亚国民生产总值（GNP）的 25%。[4] 这项服务非常成功，很快就从偿还贷款平台发展成为一个移动支付平台，用户可以通过手机访问萨法利电信的 4 万多个代理网点进行存取款操作。2008 年，肯尼亚大选发生暴乱，肯尼亚人对银行产生了不信任感，他们觉得用"手机钱包"把钱汇给那些被困在内罗毕贫民窟的朋友和亲戚还更安全一些，"手机钱包"的交易量因此而加速增长。

随着时间的推移，"手机钱包"的业务范围远远超出了手机汇款，逐渐发展成银行金融业务。它与银行进行合作，向个人和小企业提供贷款；若贷款方拖欠贷款，则停止通话服务。到了 2013 年，"手机钱包"累计吸储约 5000 万美元，发放小额贷款约 30 万笔，平均每笔 12 美元。与阿里巴巴通过支付宝储蓄账户吸收到的 920 亿美元相比，"手机钱包"可谓小巫见大巫，不过这总算是一个良好的开端。

在非洲市场大获成功之后，萨法利电信开始将这一模式推向其他新兴市场，包括印度、坦桑尼亚和阿富汗。任何一种支付系统都有可能被不法分子当作洗钱和诈骗的工具，"手机钱包"也面临同样的风险。可尽管如此，萨法利电信的成功经验表明：移动支付才是非洲电商的未来。此外，电子支付系统先于电子零售出现，这种情况也是非常罕见的。

但在财务支出方面，"非洲最成功的电商企业"的称号或许属于南非报业集团。作为南非媒体巨头，南非报业集团的名气源自它对中国企业而非对非洲企业的投资。该公司成立于1915年，起初是一家报纸和杂志的出版商兼印刷商，后来成长为一家媒体和付费电视集团。由于不反对甚至是支持种族隔离制度，南非报业集团受到广泛批评，为了消除争议，南非报业集团终于在2015年就此事向公众道歉。

南非报业集团的成名之作当属它对腾讯的早期投资，也正是这笔投资，使它成为非洲最大的企业。2001年，南非报业集团以3400万美元收购了香港大亨李泽楷持有的腾讯的46.5%股权；经过多年减持，截至2016年，它在腾讯的股份减少到34%，投资价值仍为810亿美元左右，这笔交易也就只有软银对阿里巴巴的投资可与之匹敌。南非报业集团利用其减持腾讯股票所获收益以及不断上升的地位，不遗余力地将电子商务推广到其他新兴市场，印度的Flipkart和中东的Souq都是南非报业集团在电商投资领域的得意之作。

南非报业集团在非洲本土的投资成果喜忧参半。2014年2月，它关闭了旗下的尼日利亚首家大型电商网站kalihari.com.ng，原因是该公司业务未能形成规模。南非报业集团又把资金投向Konga.

com，希望以这笔投资挽回自己的名声，而出钱让我到尼日利亚进行交流的正是南非报业集团。

抵达拉各斯的第二天，我参观了位于雅巴区（Yaba）的 Konga 总部办公室。从伊科伊岛开车经过大桥到达 Konga 总部本来只要 10 分钟时间，但由于拉各斯的交通太过拥堵，车可能要开一个小时。

到了办公室，我第一次见到了西姆·沙加亚。西姆个子很高，声音低沉，笑容灿烂，浑身充满魅力。我觉得他就是一个天生的领导者，难怪当地的网络博主将他评为"非洲十大最有影响力人物"之一。

西姆出生在尼日利亚，父亲是尼日利亚陆军将领。从尼日利亚军事学院（Nigerian Military School）毕业后，西姆便进入军队服役，后求学于乔治华盛顿大学（George Washington University）和达特茅斯学院（Dartmouth College），本科毕业后在哈佛商学院攻读 MBA。

西姆在南非兰特商业银行（Rand Merchant Bank）开始了自己的职业生涯，但在 2006 年，他返回家乡领导谷歌非洲分公司，并成立了一家路牌广告公司。2011 年，西姆发动内部员工集资，把路牌广告公司变成一家类似于高朋网的团购网站，并改名为 DealDey，这也是他创立的第一家成功的电商企业。2012 年 7 月，西姆仿效亚马逊的零售模式创立了 Konga.com 网站。

与西姆见面时，Konga 总部已经搬进了雅巴区一栋简单不起眼的大楼里，并租用了几层楼作为办公室。走进公司内部，里面倒是很有这个阶段发展中国家初创企业的样子。办公室四面白墙，雇员们都挤在小桌子后面办公，这是因为公司发展得太快，根本没时间装修办公室，甚至没时间去找装修工，办公室地板上全是插线板和密密麻麻的电源线。公司外面是临时搭建的棚屋和用铁片和塑料板胡乱拼凑而成的淋浴房，邻居们就在棚屋里做饭、吃饭和洗澡。

西姆向我介绍了 Konga 的情况。该公司投资了一个储存各种产品的大型仓库，并正努力使其仓储系统现代化。Konga 经营着自己的送货车队，这支车队由面包车和摩托车组成，可以很轻松地躲过交通堵塞，及时把包裹送到客户手中。虽然公司的销售额持续增长，但亏损也越来越大，因为经营整条产业链的成本很高。公司还在想办法弄清楚该采购哪些品类的产品，虽然一些时装产品的利润率较高，但它们更有可能成为滞销品。

在尼日利亚，这样一种经营模式的成本特别高。例如，为了停电时网站能继续运行，Konga 需要购买发电机。尽管西姆没有明说，但我能感觉到 Konga 正承受着来自投资人的压力，其中包括南非报业集团和瑞典投资公司金纳威克（Kinnevik），它们希望 Konga 能尽快实现赢利。

Konga 当时所面临的主要问题与东南亚的来赞达、印度的 Flipkart 和中国的京东如出一辙，即公司应该在多大程度上涉足集市模式？如果真这样做的话，它应该效仿亚马逊的做法，采用"集市＋零售"混合模式，还是应该跟随阿里巴巴，成为一个纯粹的网络集市平台？

值得注意的是，Konga 并非没有竞争对手，火箭互联网旗下另一家公司 Jumia 就是它的强劲敌手。Jumia 成立于 2012 年 5 月，比 Konga 早两个月，它照搬了拉美市场 Linio 和东南亚市场来赞达的模式，以尼日利亚作为开拓非洲的基地，在十多个非洲国家开展零售业务。Jumia 从火箭互联网、Konga 大股东金纳威克和其他投资者那里获得了数百万美元的投资，是一个非常难缠的对手。

当我们向"新风影院"（Ozone Cinema）走去时，西姆脑海里想的都是如何应对这些难题。略显破旧的新风影院跟 Konga 总部只相隔几个街区，我要在那里为 Konga 的员工和创业圈人士放映我拍的电影。"诺莱坞"（Nollywood）每年出产将近 2000 部电影，有些电影的预算不足 2 万美元。毫无疑问，其中大部分电影都是在这间电影院上映的。

"今晚，尼日利亚的高科技新创企业的创业者几乎都会来这里，"在视察这间平时座无虚席的电影院时，西姆告诉我，"所有创业者聚在一起，这可是头一回。"贾森·伊罗科（Jason Iroko）也在受邀者之列，他是尼日利亚版奈飞网（Netflix）iROKOtv 的创始人，该公司专门从事本土"诺莱坞"电影的制作和推广。此外，一些旅游网站、房地产网站和谷歌的负责人也将来到现场。能够向到场的观众发表演讲，那是我的荣幸；我也很高兴地看到，经历了将近 20 年的发展之后，高科技创业革命已经遍地开花，甚至进入了尼日利亚市场。

当西姆向观众发表演讲时，我从他的话中意识到电商对非洲的意义。他说："我们对自己的国家负有责任，从商业角度来说，责任尤其重大。非洲商业历史悠久，有时候商业是邪恶的，它是奴隶制度的根源；但有时候，商业是有益于人类的。我们的使命就是要借助商业的力量改变外界对这片土地的印象，让我们所有人抛弃部落、宗教、种族和年龄的偏见，相互交流，为彼此创造更美好的生活。

我坚信，只要我和 Konga 的同事都从长远角度考虑问题，我们就会变得越来越好。"[5]

不得不承认，听了他这番充满希望的演讲之后，我对 Konga 的好感超过了对火箭互联网。你可以说我是个理想主义者，但遍访世界各地企业的经历告诉我，要建立一家具有永久价值的公司，就必须赋予它灵魂。火箭互联网抄袭复制的手法只是为了取悦投资者，这样的企业没有灵魂。

放映结束后，西姆邀请我花几周时间为他的团队就各种项目提供咨询，并向他们提供一些中国企业的成功经验，供他们在开拓集市平台时借鉴。拓展平台意味着 Konga 将面临一些艰难的抉择，比如淡化现有零售业务，甚至有可能裁员，但这也意味着尼日利亚的创业活力将得到释放。

在 Konga 工作的那几周里，我回忆起 2000 年阿里巴巴成立初期的情形。那时候，中国不仅诞生了一家公司，也诞生了一个全新的行业。在拉各斯逗留期间，有天晚上我和西姆在他家里促膝长谈。我们三句话不离本行，一边嚼着从附近街头小贩那里买来的"苏亚"（suya）香辣肉，一边谈论电商行业。"我不想仅仅建立一家只与尼日利亚其他零售商竞争的企业，"他对我说，"我想创造一个能从根本上改变这个国家的东西，我们必须建立一个集市平台。"西姆还带我去尼日利亚精英阶层聚集的香蕉岛（Banana Island）散步。香蕉岛是一个按总体规划建造的大型社区，里里外外设置了好几道与外界隔绝的安全门，有保安 24 小时把守，并且为居住在高大围墙内的外籍专家、精英人士和很多腐败的政府官员全天候不间断供电。

在岛上散步时，我们经过迈克·阿德努加（Mike Adenuga）的豪宅，看到院子里有雕塑和喷泉。阿德努加是非洲第二大富豪，曾在尼日利亚石油公司和电信公司担任高管。后来，他要求香蕉岛居民协会将岛上一条街道命名为"迈克·阿德努加大街"，居民协会不同意，双方发生了争执。逛过香蕉岛之后我才知道，非洲大陆若想踏上共同致富之路，还有很多工作要做。

离开尼日利亚时，我乐观地认为电子商务肯定会在这个国家生根发芽。尼日利亚手机普及速度快，经济欣欣向荣，这让我有理由相信它将走上一条与中国相类似的电商发展之路。国外资本开始源源不断流入尼日利亚市场，甚至连恐怖主义和埃博拉病毒（Ebola）等悲剧事件也在加速电子商务的普及，因为在这些悲剧事件发生时，电子商务就是做生意的一种重要手段。

但随后几年，尼日利亚再次受到"资源的诅咒"，尼日利亚电商的发展前景顿时被打上了问号。油价暴跌，尼日利亚经济陷入衰退，投资者给企业施加了更大的压力；政府实行严格的货币管制措施，资金很难甚至根本不可能进出尼日利亚。对电商企业而言，这就意味着无法在互联网上销售从国外进口的商品。此外，尼日利亚的互联网普及率开始下降，放眼全球，这种情况是非常罕见的。

关于尼日利亚经济滑坡的诸多负面消息不绝于耳。2016年1月，我在报纸上看到一则新闻：在与投资人会面后，西姆·沙加亚辞去了Konga首席执行官的职务，担任更具有象征意义的公司董事长一职。这让我感到很失望。西姆已经成为非洲本土电商的象征，他不仅鼓舞了我，也鼓舞了刚刚崭露头角的非洲各国互联网创业者，而后者的意义更大一些。

　　我给西姆发了邮件，希望能更深入地了解他辞职背后的原因，但他没有回信。据他的朋友推测，在尼日利亚经济衰退的巨大压力面前，西姆对公司的长远规划与投资人要求尽快赢利的期望之间产生了矛盾，这正是他"下课"的直接导火索；也有人猜测他的辞职纯粹是出于个人原因。无论真正的原因是什么，我觉得从沙加亚卸任的那一刻起，"非洲版的马云"从此绝迹江湖。

　　其他新兴市场也经历过类似的经济衰退，但电商依旧找到了自己的生存之道，尼日利亚电商当然也不例外，领军企业正从危机中寻找机会。Konga 公司正在推出其基于第三方托管的线上支付系统KongaPay，以增强尼日利亚用户在线上支付环境中的相互信任感；Jumia 正在创建"客户接纳中心"，并组建 JForce 销售代理人团队，由销售代理带着平板电脑上门，帮助那些文盲群体或没有网络接入的群体上网购物。这些企业正稳扎稳打地建设电商基础设施，解决这个国家信任感缺失的问题。

　　无论是 Konga 和 Jumia 这样的领头羊，还是其他追随者，白手起家的非洲电商创业者们终将会建成全新的商业基础设施。由于这种不发达的基础设施是从零开始建设的，所以，当它建成时，电子商务对于非洲的价值甚至可能超过中国和印度。西姆·沙加亚说过："非洲从不缺消费者，也不缺商家，更不缺倒腾商品的中间商；非洲缺的是一个能够把各个商业环节连接起来的现代化操作系统。"这个系统不仅需要有远见和魄力的创业者，还需要有耐心和长远眼光的投资者。我们已经看到，在中国、印度、东南亚和拉丁美洲，这种变化比绝大多数人想象中来得早，非洲也不例外。它已经改变了世界各地电商创业者的命运，也必将在电子商务的最后一块处女地上开花结果。

SIX BILLION
SHOPPERS

第九章

全民购物狂

前面几章回顾了新兴市场的电商发展历程，希望诸位读者能够享受这段"旅程"。我写作本书的目的，是和大家分享我对电子商务未来发展方向的看法，并在此过程中分析各个新兴市场电商的发展环境和背景，希望下一代电子商务的拓荒者能够从中吸取某些教训，避免犯早期电商企业犯过的一些错误。

对如今的创业者和电商先驱来说，这是一个激动人心的时代。大约 10 年前，往往只有发达国家的民众才能享受到电子商务带来的好处，但未来的电子商务属于新兴市场。电子商务已经发展到了一个临界点，其重心即将从发达国家的 10 亿消费者向发展中国家的 60 亿消费者转移。

有鉴于此，我给大家列出了电商发展的七大重要结论。

结论一：我们正处于新兴市场电子商务的黄金时代

看到这里，我想各位读者也同意"新兴市场电商的黄金时代已经到来"这一说法。然而，很多商界领袖依旧认为新兴市场电商所提供的机会很小。事实上，在中国、印度、东南亚和拉丁美洲等国家和地区，电商所提供的巨大机遇是绝大多数人想象不到的。

只要看看中国，就能更全面地了解电商能带来什么样的发展机遇。十几年前，所有人都认为中国不可能发展电商；2016 年，阿里巴巴首创的"双十一全球购物节"（Singles' Day Global Shopping Festival）交出了这样一份成绩单：

- 仅阿里巴巴旗下网站 24 小时内的交易额就达到了 178 亿美元（比上年增长了 32%）；
- 吸引了将近 10 万家商家参与；
- 支付宝每秒处理 12 万笔交易，创历史新高；
- 37% 的买家从国际品牌商那里购买产品；
- 阿里巴巴集市平台处理了 6.57 亿笔订单。

而这仅仅是一个新兴市场的一家公司在一天内的交易数据。

关键之处在于，这样翻天覆地的变化不仅发生在中国的零售市场上，其他新兴市场也同样在积蓄能量，变革一触即发。有远见的企业和创业者可以趁早进入其他新兴市场，因为历史很有可能会重演，只不过每个市场重演历史的方式不同而已。印度是短期内最具增长潜力的市场，东南亚和拉丁美洲紧随其后；而从长期来看，潜力最大的市场是非洲。

结论二：智能手机的普及是全球电子商务增长的主要推动力

智能手机的普及，加上互联网数据资费不断下降，促使互联网在新兴市场迅速普及。这些市场每周都有数百万人用手机上网，他们都是潜在的电商消费者，每个人的口袋里都有一家虚拟的商场或店铺。

发达市场的电商购物者最初是使用台式电脑进行网购的，手机购物兴起后，他们的转换速度明显慢于新兴市场消费者。但对于中国和印度等国家的大量消费者来说，智能手机往往是他们拥有的第一台，也是唯一一台上网设备，所以他们更有可能养成手机购物的习惯。新兴市场的消费者更喜欢用大屏手机，企业可以专门针对智能手机策划品牌宣传活动，这不仅可以培育新的消费群体，还可以创建一个仅适用于智能手机的品牌形象。事实上，"双十一"当天，阿里巴巴82%的销售额都来自移动设备，这一数字也彻底打消了质疑者的担忧。

手机在新兴市场的优势地位对电商有着重要的影响，以手机定位为基础的营销和服务将得以充分发展。由于通信和购物等功能更容易整合到手机上，手机支付将变得更加容易，而社交电商也将扮演一个更重要的角色。

结论三：美国电商模式无法适应新兴市场，这是早期电商发展史的主旋律

为了给本书做调研，我跑遍了世界各地，结果发现一个规律：凡是在新兴市场推广电商的企业，都尝试过将 eBay 或亚马逊模式复制到当地市场，结果都以失败告终。无论是中国的 8848、印度的 Baazee，还是拉丁美洲的 DeRemate，那些固守美国模式的企业要么破产倒闭，要么步履蹒跚，都没有取得实质性的成功。

它们之所以失败，是因为美国的商业模式到了新兴市场便水土不服。eBay 的二手商品拍卖模式在中国、印度或拉丁美洲根本不起作用，这些国家或地区的二手商品市场并不大，出售新产品才是正道；而亚马逊首次推出的零售模式也没有发挥作用，因为对于一个依赖大规模和低成本的综合零售模式来说，新兴市场的效率实在太低。

有些成功的电商企业也许一开始模仿的是它们的美国同行，比如中国的淘宝和拉丁美洲的"自由市场"，但是它们很快便华丽转身，从当地消费者的角度逆向思考，推出了一些适合本土市场的服务。

结论四: 中国的电商模式是一大突破，新兴市场电商若要实现飞跃，需借鉴中国电商模式

事实证明，阿里巴巴在中国率先推出的电商模式适用于新兴市场。如今，阿里巴巴模式依旧在其他新兴市场发挥着影响力。该模式的最大特点就是创建一个交易平台，赋予创业者和零售商权利，并给他们提供一套工具，用于创建高度可定制化的店铺；而至于创业是否成功，责任由他们自行承担。阿里巴巴还创建了一个提供支付和交货服务的生态系统，这些服务是买卖双方完成交易所必需的，但在当地市场又很难找到。

其他新兴市场的电商企业起初仿效的是亚马逊和 eBay 模式，如今却纷纷向阿里巴巴的集市模式靠拢，但这并不意味着阿里巴巴的商业模式会像它在中国和印度市场那样"大显身手"。每个市场都是独一无二的，没有哪一种商业模式能放之四海而皆准，这是我们从中国市场学到的经验。不过，新兴市场的创业者现在可以借鉴中

美两国的电商模式，使之适用于本土市场，同时增加创新服务，以满足当地消费者的需求。

结论五：事实将会证明，新兴市场电商的创造性大于破坏性，它将帮助数百万人摆脱贫困

"创造性颠覆"是很多科技界创业者的目标，但人们常常颂扬科技的创造性，却忽视了它的破坏性，比如科技的普及会造成企业裁员。亚马逊就是一个很好的例子。没错，它给世界各地的消费者带来了价格低廉的产品，但也给传统零售业带来了巨大的破坏，消费者线下看货，线上购书，导致实体书店和零售商无生意可做而倒闭。杰夫·贝索斯在接受美国电视节目《60分钟时事杂志》（ *60 Minutes* ）采访时说过一句名言："改变图书行业的不是亚马逊，而是未来。"我虽然非常同意贝索斯的观点，而且一直很钦佩亚马逊的技术创新能力，但也不由得同情美国那些下岗的传统零售业员工。

幸运的是，在新兴市场，电商没有引起太多道德方面的争议。新兴市场电商并没有取代已有的高效率零售基础设施，也没有使数百万员工失业，而是创造出了线下不存在的机遇。前文提到过的研究结果表明，电子商务会对新兴市场经济体产生累加效应。如今，新兴市场电商企业倾向于采用无库存的"中国模式"，这种模式赋予小型零售商充分的自主权，而不是与之竞争。马云曾在2017达沃斯（Davos）论坛上说过："我们一直在给别人做嫁衣，帮助他们销售商品，提供服务，不断壮大实力……我们的目标是利用互联网技

术让每家公司都变成亚马逊。"[1]

结论六：跨境零售将成为全球电子商务增长的主要推动力

新兴市场拥有 60 亿消费者，而且越来越多的人购买智能手机并使用智能手机购物。起初，消费者可能只从本土线上零售商那里购物，但随着时间的推移和收入的增加，他们开始寻找新产品，追求新的购物体验。当人们意识到动动指尖就可以购买到世界各地的产品时，海外购物便开始了。跨境零售一夜之间风靡全球，而这一切才刚刚开始。

2016 年的"双十一"购物节，中国消费者通过跨境交易从 200 多个国家和地区的零售商那里购买了产品。想想看这意味着什么？这意味着中国农村的某个家庭在庆祝一个特殊节日时，可能会网购直接从美国缅因州寄过来的龙虾；又或者昆明的一名白领可能会在网上购买一件从法国时装店寄来的婚纱。跨境电商已经进入中国，跨国品牌和企业家能够将产品直接销往中国，而无须在中国设立办事处。电子营销家网站估计，截至 2016 年年底，中国的跨境贸易进口额会达到 850 亿美元。[2]

逐渐熟悉通关流程和跨境物流之后，这些跨境卖家将更加关注其他新兴市场，比如网购消费者数量激增的印度。据埃森哲咨询公司（Accenture）和阿里研究院①的一份联合研究报告预测，至 2020 年，B2C 跨境电商销售额将超过 1 万亿美元。[3]

---

① 阿里巴巴的研究部门。——作者注

然而，随着跨境 B2C 交易量的激增，各国本土零售商受到严重影响，国与国之间的贸易关系将日趋紧张。想想看，如果墨西哥的一名消费者能够以更低的价格从亚马逊或速卖通买到来自美国或中国的产品，并且能够避免地方税收，那他何乐而不为呢？近年来，国际政坛盛行民族主义和贸易保护主义，跨境电商的繁荣也可能会导致各国加强立法，以保护本土的就业机会。

结论七：电商的繁荣将给环境带来严峻挑战，新兴市场需要以负责任的态度应对这些挑战

一想到新兴市场电商的未来，人们不禁兴奋不已。但是，任何人都不应该忽视电商的潜在缺点和有害影响。而在我看来，电商的最大缺点是对环境的潜在危害。

只要回顾一下 2015 年媒体对阿里巴巴"双十一"购物节的报道，我们就能明白这一点。那年的购物节晚会在 2008 年北京奥运会游泳比赛场馆"水立方"（Water Cube）举行。当阿里巴巴管理层和晚会参与者庆祝阿里巴巴又打破了一项纪录时，无论在会场内还是整个北京市，雾霾随处可见。尽管中国的这场大众消费狂欢盛会创造了新的纪录，但北京的雾霾依旧很严重，人们只能戴着口罩上街，父母们也不敢让孩子在户外活动。

没错，电商的好处是巨大的。在中国、印度或尼日利亚这样的国家，电商可以帮助小型创业者的家庭提高生活质量，购买生活的必需品，比如富含蛋白质的食物或孩子教育所需的书籍；但是，如果这些小型创业者也想拥有干净的空气和健康的环境，那就不能简

单地仿效西方国家的大众消费主义，因为这是一种不可持续发展的经济模式。工厂源源不断地制造出产品，快递员骑着摩托车在市区里疾驰投送包裹，这都是新兴市场电商欣欣向荣的景象。但在发展电商的过程中，新兴市场也要考虑到电商对环境的影响，确保我们的环境不会因电商黄金时代的到来而陷入万劫不复的境地。

前 言 口袋里的商场

1. Goldman Sachs, "China E+Commerce: Shopping Re-imagined," February 28, 2017, 8; US Census Bureau, February 17, 2017, https://www.census.gov/retail/mrts/www/data/pdf/ec_current.pdf.

2. 除非另有说明，否则本书的金额单位皆为美元。

3. Goldman Sachs, 3.

第一章 西方电商市场成功史

1. Boris Emmet and John E. Jeuck, *Catalogues and Counters: A History of Sears, Roebuck and Company* (Chicago and London: University of Chicago Press, 1950).

2. 同上 , 10.

3. 同上。

4. 同上 , 11.

5. 同上 , 17.

6. 同上 , 20.

7. *Montgomery Ward & Co. Catalogue and Buyers' Guide 1895* (New York: Skyhorse Publishing, 2008).

8. 同上。

9. 同上 , 1, 376.

10. 同上 , 2.

11. http://www.departmentstorehistory.net.

12. *Montgomery Ward & Co. Catalogue and Buyers' Guide*, Foreword, p. 1.

13. Robin Lewis and Michael Dart, *The New Rules of Retail* (New York: St. Martin's Press, 2014), 9.

14. 同上 , 16–17.

15. Sam Walton with John Huey, *Sam Walton: Made in America* (New York: Bantam Books, 1992), 29.

16. 同上 , 32–33.

17. 同上 , 63.

18. 同上 , 140–141, 276.

19. 同上 , 143.

20. 同上 , 116.

21. 同上 , 160.

22. Walmart 1995 Annual Report, http://corporate.walmart.com/our-story/our-history.

23. EBay company website.

24. *Business Week*, May 31, 1999.

25. "Montgomery Ward to Close Its Doors," *New York Times*, December 29, 2000; http://www.theforrester.com/2007/08/13/the-100-oldest-domains-on-the-internet/.

第二章　中国电商的崛起

1. Goldman Sachs, "China E + Commerce: Shopping Re-Imagined" (Goldman Sachs Equity Research, February 28, 2017) , 1.

2. eMarketer, "Worldwide Retail Ecommerce Sales: eMarketer Forecast for 2016," August 16, 2016, https://www.emarketer.com/Report/Worldwide-Retail-Ecommerce-Sales-eMarketer-Forecast-2016/2001849.

3. T. Talhelm, X. Zhang, S. Oishi, D. Duan, X. Lan, and S. Kitayama, "Large-Scale Psychological Differences Within China Explained by Rice versus Wheat Agriculture," *Science* 344, no. 6184 (May 9, 2014): 603–608.

4. "China' s No. 1 Department Store," *New York Times*, November 28, 1982.

5. "Another China Net Pioneer Quits," CNN.com, August 10, 2001, http://edition.cnn.com/2001/BUSINESS/asia/08/10/hk.dotcomdeparture/.

6. "JD.com Had a Big Quarter Thanks to China E-commerce Growth," *Business Insider*, May 12, 2016 (citing iResearch market share numbers).

7. Duncan Clark, *Alibaba* (New York: Harper-Collins, 2016), 147–149.

8. Stanford Graduate School of Business case study, "Taobao vs EBay China," January 4, 2010.

9. Kathrin Hille, "Lessons from an Early Failure," *Financial Times*, June 24, 2012.

10. 同上。

11. Edward Tse, *China' s Disruptors: How Alibaba, Xiaomi, Tencent, and Other Companies Are Changing the Rules of Business* (New York: Portfolio/Penguin, 2015), 85.

12. eMarketer, "WeChat is China' s Most Popular Chat App," June 9, 2016,

https://www.emarketer.com/Article/WeChat-Chinas-Most-Popular-Chat-App/1014057.

第三章　中国的购物中心

1. "China's Online Shopping GMV Approached 5 Trillion Yuan in 2016," iResearch, February 14, 2017, http://www.iresearchchina.com/content/details7_30708.html.

2. Boston Consulting Group and AliResearch Institute, "The New China Playbook: Young, Affluent, E-Savvy Consumers Will Fuel Growth," December 2015.

3. Catherine Cadell, "Alibaba Posts Record Singles' Day Sales, but Growth Slows," Reuters, November 11, 2016, http://www.reuters.com/article/us-alibaba-singlesday-idUSKBN13605X.

4. Gabriel Wildau and Leslie Hook, "China Mobile Payments Soar as US Clings to Plastic," *Financial Times*, February 14, 2017.

5. Selena Wang, "Alibaba's E-Commerce App Has a Social Network Facebook Would Love," *Bloomberg*, August 22, 2016.

6. 同上。

7. Alissa Coram, "Move Over, Alibaba: Check Out This Other China E-Commerce Name," *Investor's Business Daily*, March 31, 2017.

8. Lulu Yilun Chen and Shai Oster, "China Startup 'Little Red Book' Said to Be Valued at $1 Billion," *Bloomberg*, March 30, 2016.

9. Frank Lavin, interview by author, April 14, 2016.

10. 同上。

11. 本书（英文版）付梓时，20 美元可兑换约 133 元人民币。

12. Lavin interview.

13. Goldman Sachs, "China E+Commerce: Shopping Re-imagined," February 28, 2017, 8; eMarketer, "Worldwide Retail Ecommerce Sales: eMarketer Forecast for 2016" (eMarketer, August 2016).

14. "Amazon's Jeff Bezos Looks to the Future," *60 Minutes*, December 1, 2013, http://www.cbsnews.com/news/amazons-jeff-bezos-looks-to-the-future/.

15. McKinsey & Company, "China's eTail Revolution: Online Shopping as a Catalyst for Growth," March 2013.

16. Bain & Company, "China's E-commerce: The New Branding Game," 2015.

17. Boston Consulting Group and AliResearch Institute, "The New China Playbook: Young, Affluent, E-Savvy Consumers Will Fuel Growth," December 2015.

18. McKinsey & Company, "China's eTail Revolution."

19. Alizila Staff, "An introduction to Taobao Villages," Alizila, January 17, 2016, http://www.alizila.com/an-introduction-to-taobao-villages/.

20. Susan Wang, "Alibaba's Centers Now Reach 16,000 Villages," Alizila, May 26, 2016, http://www.alizila.com/alibabas-rural-service-centers-reach-16000-villages/.

第四章 印度，下一个大型市场

1. Suryatapa Bhattacharya, "Flipkart to Deliver Using Mumbai's Dabbawalas," *Wall Street Journal*, April 10, 2015, http://blogs.wsj.com/indiarealtime/2015/04/10/flipkart-to-deliver-using-mumbais-dabbawalas/.

2. Mumbai history, http://www.mumbai.org.uk/history.html.

3. Mukul Kesavan, "Before the Change: When Austerity, Simplicity Ruled Everyday Middle Class Life," *Hindustan Times*, July 24,

2016, http://www.hindustantimes.com/india-news/before-the-change-when-austerity-and-simplicity-ruled-everyday-middle-class-life/story-PuanuEB9aMkrD4doqtzI4N .html.

4. Shovon Chowdhury, "Serving the Nation, One Bikini at a Time," *Indian Express*, July 24, 2016, http://indianexpress.com/article/lifestyle/life-style/serving-the-nation-one-bikini-at-a-time/.

5. "Best Decades Ever," *Times of India*, July 24, 2016, 15; Gaurav Choudhury, "25 Years of the Open Era: Reviewing India's Post-liberalisation Economy," *Hindustan Times*, July 24, 2016, http://www.hindustantimes. com/india-news/the-open-era-reviewing-india-s-post-liberalisation-economy/story-FteMwib4Jg6IHguI4LhGWM.html; Darrell M. West, John Villasenor, and Robin Lewis, "Inclusion in India: Unpacking the 2015 FDIP Report and Scorecard," Brookings Institution, September 9, 2015, https://www. brookings .edu/2015/09/09/inclusion-in-india-unpacking-the-2015-fdip-report-and-scorecard/.

6. Sapna Aggarwal, "India's Retail Market Expected to Double in Next 5 Years: Report," *Live Mint*, February 11, 2015, http://www.livemint.com/Industry/5Xu8P8GltZk8XEsz7Xk74O/Indian-retail-market-to-double-in-next-5-years-report.html.

7. Eric Bellman, "In India, a Retailer Finds Key to Success Is Clutter," *Wall Street Journal*, August 8, 2007.

8. Aggarwal, "India's Retail Market Expected to Double."

9. "FDI in Retail: I Will Set Walmart Stores on Fire, Threatens Uma Bharati," *Times of India*, November 25, 2011.

10. Aggarwal, "India's Retail Market Expected to Double."

11. Tadit Kundu, "Nearly Half of Indians Survived on Less than Rs38 a Day in 2011–12," *Live Mint*, April 21, 2016, http://www.livemint.com/Opinion/

11gVncveq4EYEn2zuzX4FL/Nearly-half-of-Indians-survived-on-less-than-Rs38-a-day-in-2.html.

12. Priya Virmani, "Note to India's Leaders: Your 150M Young People Are Calling for Change," *Guardian*, April 8, 2014, https://www.theguardian.com/commentisfree/2014/apr/08/india-leaders-young-people-change-2014-elections;PTI, "Per Capita Income This Year Seen Up 10% at Rs 7,378 a Month," *Economic Times* (India), February 9, 2015, http://articles.economictimes .indiatimes.com/2015-02-09/news/58967932_1_capita-income-constant-prices-central-statistics-office.

13. "India Rises to Second Spot on Global Business Optimism Index: Report," *Times of India*, November 6, 2016.

14. "India Market Report: India Internet Usage Stats and Telecommunications Market Report," Internet World Stats, page updated December 7, 2016, http://www.internetworldstats.com/asia/in.htm; "Indian PC Market Growth Falls for Two Consecutive Quarters: Expected to Crash to Half in the Year 2001," press release, Skoch Consultancy Services, March 7, 2001, http://www.skoch.in/images/stories/Press_Release_Pdf/indianpcmarketgrows.pdf.

15. "Arranged Marriage Is Not Forced Marriage," CNN, May 30, 2012, http://thecnnfreedomproject.blogs.cnn.com/2012/05/30/arranged-marriage-is-not-forced-marriage/.

16. "High–Growth Indian Online Matrimonial Matchmaking Market Beckons Investors," Frost & Sullivan press release, *Business Wire India*, July 17, 2015, http://businesswireindia.com/news/news-details/high-growth-indian-online-matrimonial-matchmaking-market-beckons-investors/44523.

17. Niren Shah, phone interview by author, May 2, 2016.

第五章　印度电商的黄金时代终于到来

1. "Young Turks," CNBC, https://www.youtube.com/watch?v=9CUllBw3OsU.

2. 同上。

3. Vikas Bajaj, "In India, Online Retailers Take a New Tack," *New York Times*, September 15, 2011, http://www.nytimes.com/2011/09/15/business/with-no-amazon-as-a-rival-flipkart-moves-fast-in-india.html.

4. Anusha Soni and Itika Sharma Punit, "Flipkart Raises $160 mn from New, Existing Investors," *Business Standard*, October 9, 2013, http://www.business-standard.com/article/companies/flipkart-raises-160-mn-from-new-existing-investors-113100900412_1.html.

5. Soni and Punit, "Flipkart Raises $160 mn from New, Existing Investors; Jubin Mehta, "Flipkart Launches Its Marketplace with 50 Sellers Onboard," *Yourstory*, April 6, 2013, https://yourstory.com/2013/04/flipkart-launches-a-marketplace-platform-onboards-50-sellers/; "Amazon.co.jp Launches Amazon Marketplace Enabling Third Party Buyers and Sellers to Trade Online," undated Amazon press release, http://phx.corporate-ir.net/phoenix.zhtml?c=176060&p =irol-newsArticle&ID =503055.

6. Alok Soni, "Everything You Wanted to Know about the Flipkart-Myntra Deal," *YourStory*, May 22, 2014, https://yourstory.com/2014/05/flipkart-myntra-acquisition/; Saritha Rai, "Online Retailers Hustle to Build an Alibaba in India, Take on Amazon," *Forbes*, May 22, 2014, http://www.forbes.com/sites/saritharai/2014/05/22/local-online-retailers-hustle-to-build-an-alibaba-in-india/#5e746f79145a.

7. Prince Thomas, "Who Will Be India's Alibaba, SnapDeal or Flipkart?" Forbesindia.com, May 28, 2014, http://www.forbesindia.com/blog/business-strategy/who-will-be-indias-alibaba-snapdeal-or-flipkart/.

8. NDTV, "Walk the Talk with the Snapdeal Founders Kunal Bahl and Rohit

Bansal," April 1, 2016, http://www.ndtv.com/video/shows/walk-the-talk/
walk-the-talk-with-snapdeal-founders-kunal-bahl-and-rohit-bansal-410161.

9. 同上。

10. 同上。

11. Kunal Bahl, interview by author, February 19, 2016, Delhi.

12. "Get to Know Snapdeal," Snapdeal.com, http://www.snapdeal.com/
page/about-us.

13. Bahl interview by author.

14. PTI, "Invested $300 Million in Supply Chain, Logistics in 18 Months:
Snapdeal," *Economic Times* (India), May 13, 2016, http://economictimes.
indiatimes.com/industry/services/retail/invested-300-million-in-supply-chain-
logistics-in-18-months-snapdeal/articleshow/52243823.cms.

15. Richa Maheshwari, "Ecommerce Majors Amazon, Flipkart Together
Rented about 3.6 Million Square Feet Warehouse Space in 2015,"
Economic Times (India), January 29, 2016, http://economictimes.indiatimes.
com/wealth/personal-finance-news/ecommerce-majors-amazon-flipkart-
together-rented-about-3-6-million-square-feet-warehouse-space-in-2015/
articleshow/50764978.cms.

16. "In an Industry First, Snapdeal Launches Multi-lingual Platform in 12
Languages and Brings Digital Commerce Closer to the Next 130 Million
Indians," Snapdeal.com blog, December 15, 2015, http://blog.snapdeal.
com/in-an-industry-first-snapdeal-launches-multi-lingual-platform-in-12-
languages-and-brings-digital-commerce-closer-to-the-next-130-million-
indians/.

17. Reuters, "Micromax Has Lost Nearly 50 Percent Market Share in One
Year. Here's Why," *DNA India,* March 13, 2016, http://www.dnaindia.com/

money/report-how-did-micromax-lose-nearly-half-of-its-market-share-in-one-year-2188696.

18. Shelley Singh, "How Ban on Discounts Have Changed Behaviour of Online Buyers," *Economic Times* (India), July 12, 2016, http://economictimes.indiatimes.com/industry/services/retail/how-ban-on-discounts-have-changed-behaviour-of-online-buyers/articleshow/53163899.cms.

19. Ratna Bhushan, "Maggi Ban Impact: Nestle India May Take 3 Years to Recover," *Economic Times* (India), February 24, 2016, http://economictimes.indiatimes.com/industry/cons-products/food/maggi-ban-impact-nestle-india-may-take-3-years-to-recover/articleshow/51114562.cms.

20. Vivienne Walt, "Amazon Invades India," *Fortune*, December 28, 2015.

21. Jason Dean, "Bezos Says Amazon Will Boost Investment in China," *Wall Street Journal*, June 6, 2007.

22. Dhanya Ann Thoppil, "India's Flipkart Raises $1 Billion in Fresh Funding," *Wall Street Journal*, July 29, 2014, http://www.wsj.com/articles/indias-flipkart-raises-1-billion-in-fresh-funding-1406641579.

23. "Amazon Goes One Up on Flipkart, to Invest $2 bn," *Business Standard*, July 31, 2014, http://www.business-standard.com/article/companies/now-amazon-announces-2-billion-investment-in-india-114073000379_1.html.

24. PTI, "Amazon to Increase Investment India to $5 billion," *The Hindu*, June 8, 2016, http://www.thehindu.com/business/Industry/amazon-to-increase-investment-india-to-5-billion/article8704018.ece.

25. Mihir Dalal, "Amazon Flags Regulatory Risk in India," *Live Mint*, October 31, 2014, http://www.livemint.com/Companies/9nBMMc6YYN3Mv-P2LxNojgO /Amazon-flags-regulatory-risk-in-India.html; "India Approves Foreign Investment in E-commerce Sector," Reuters, March 30, 2016, http://in.reuters.com/article/india-ecommerce-fdi-idINKCN0WV248.

26. Shilpa Phadnis, "Flipkart, Amazon Will Have to Downsize WS Retail, Cloudtail," *ET Tech* blog, *Economic Times*, April 1, 2016.

27. Madhav Chanchani, "Amazon India's Growth Threatens to Unsettle Ecommerce Firms Like Flipkart and Snapdeal," *Economic Times* (India), May 16, 2016, http://economictimes.indiatimes.com/industry/services/retail/amazon-indias-growth-threatens-to-unsettle-ecommerce-firms-like-flipkart-and-snapdeal/articleshow/52284757.cms; Alnoor Peermohamed, "Amazon Slashes Sellers' Fees to Take on Flipkart," *Business Standard*, June 17, 2016, http://www.business-standard.com/article/companies/amazon-slashes-seller-commissions-to-undercut-flipkart-snapdeal-116061600205_1.html.

28. Maheshwari, "Ecommerce Majors Amazon, Flipkart Together Rented."

29. Jeff Bezos, 2016 letter to Amazon shareholders, https://www.sec.gov/Archives/edgar/data/1018724/000119312516530910/d168744dex991.htm.

30. Jubin Mehta, "Paytm's Move into Mobile Commerce: A Zero Commission Marketplace," *YourStory*, April 25, 2015, https://yourstory.com/2015/04/paytms-zero-commission-marketplace/.

31. Jai Vardhan, "Jack Ma's Alibaba Enters India by Buying 25% Stake in Paytm," *YourStory*, February 5, 2015, https://yourstory.com/2015/02/jack-mas-alibaba-enters-india-buying-25-stake-paytm/.

32. James Crabtree, "Vijay Sharma, Paytm: An Alibaba for India," *Financial Times*, November 18, 2015.

33. Vijay Shekar Sharma, phone interview by author, April 30, 2016.

34. Jai Vardhan, "Paytm Becomes the Largest Digital Commerce Company in India, Reports 350% Growth in 2013 over 2012," *YourStory*, May 7, 2014, https://yourstory.com/2014/05/paytm-digital-commerce/.

35. Bahl interview.

36. Richa Maheshwari, "Indian eCommerce Market to Grow Fastest Globally over 3 Years: Morgan Stanley," *Economic Times* (India), February 18, 2016, http://economictimes.indiatimes.com/industry/services/retail/indian-ecommerce-market-to-grow-fastest-globally-over-3-years-morgan-stanley/articleshow/51031652.cms.

37. Trefis Team, "Amazon Tops Indian E-Commerce Market in Web Traffic," *Forbes*, June 27, 2016, http://www.forbes.com/sites/greatspeculations/2016/06/27/amazon-tops-indian-e-commerce-market-in-web-traffic/#1dc2285dc13b.

38. Richa Maheshwari, "E-commerce Boom in India Attracting Artisans, Entrepreneurs from Slums across the Country," *Economic Times* (India), February 19, 2016, http://economictimes.indiatimes.com/industry/services/retail/e-commerce-boom-in-india-attracting-artisans-entrepreneurs-from-slums-across-the-country/articleshow/51047812.cms.

39. EMarketer, "Worldwide Retail Ecommerce Sales," August 2016.

40. Sandeep Aggarwal, phone interview by author, March 29, 2016.

41. 同上。

42. "Digital Payments Soar by Up to 300% after Demonitisation," *Times of India*, December 10, 2016.

43. Malavika Velayanikal, "What Are the Hottest Sectors for Venture Capital in India This Year? (INFOGRAPHIC)," *Tech in Asia*, October 22, 2015, https://www.techinasia.com/hottest-sectors-venture-capital-india-infographic.

44. IANS, "E-commerce to Invest $8 Billion in Infrastructure, Logistics in India: Study," *Economic Times* (India), June 29, 2016, http://economictimes.indiatimes.com/articleshow/52972911.cms?utm_source=contentofinterest&utm_medium=text&utm_campaign=cppst; Emmanuel Amberber, "Investors Pump $9 Billion into Indian Startups in 2015—That's 50 Percent of the Past

5 Years' Total Deal Value," *YourStory*, December 31, 2015, https://yourstory. com/2015/12/indian-startups-raise-9billion-2015/.

第六章 东南亚电商概况

1. Milton Osborne, "What Is Southeast Asia?" in *Southeast Asia: An Introductory History* (New South Wales: Allen & Unwin, 2013).

2. Milton Osborne, *Southeast Asia: An Introductory History* (New South Wales: Allen & Unwin 2013), 1–17.

3. Sally McGrane, "3 Brothers, 4 Months, 1 Fortune in an Early Success in Germany," E-Commerce (special section), *New York Times*, September 22, 1999, https://partners.nytimes.com/library/tech/99/09/biztech/technology/22mcgr.html.

4. Thomas Ohr, "25 Things You Should Know about Oliver Samwer (CEO, Rocket Internet)," *EU-Startups*, August 19, 2014.

5. Max Finger and Oliver Samwer, *America's Most Successful Startups: Lessons for Entrepreneurs* (Weisbaden: Springer Fachmedian Wiesbaden GMBH, 1998), 18.

6. 同上, 11.

7. Meg Whitman with Joan O' C. Hamilton, *The Power of Many: Values for Success in Business and in Life* (New York: Crown, 2010), 64–65.

8. Matt Cowan, "Inside the Clone Factory: The Story of the Samwer Brothers and Rocket Internet," *Wired*, March 2, 2012.

9. Andreas Winiarski, interview by author, October 5, 2015, Berlin.

10. Mike Butcher, "In Confidential Email Samwer Describes Online Furniture Strategy as a 'Blitzkrieg'," *TechCrunch*, December 22, 2011.

11. Christian Hardenberg, interview by author, May 19, 2016, Berlin.

12. 同上。

13. Emma Thomasson and Chijoke Ohuocha, "Landing with a Bump? Germany's Rocket Falls Back to Earth," Reuters, June 29, 2016.

14. Hardenberg interview.

15. William Tanuwijaya, interview by author, May 13, 2016, Tokyo.

16. 同上。

17. 同上。

18. *CIA World Factbook*, https://www.cia.gov/library/publications/the-world-factbook/.

19. World Bank website, http://data.worldbank.org/indicator/NY.GDP.PCAP.CD?locations=CN-SG-MY-TH-ID.

20. "Southeast Asian Consumers Lead in Optimism Globally," *Insights*, Nielsen.com, July 28, 2015, http://www.nielsen.com/apac/en/insights/reports/2015/q2-2015-consumer-confidence-report.html.

21. Sheji Ho, phone interview by author, August 18, 2016.

22. 同上 ; eCommerce company presentation.

23. Ho interview.

24. Florian Hope, Sebastien Lamy, and Alessandro Cannarsi, "Can Southeast Asia Live Up to Its E-commerce Potential?" Bain & Company, 2016, 4.

25. 同上, 3.

26. Sheji Ho, "Why Southeast Asia Is Leading the World's Most Disruptive Mobile Business Models," *TechCrunch*, September 8, 2015.

27. Judith Balea, "Here's How Much Startups Raised in Southeast Asia in 2015," *Tech in Asia*, January 4, 2016.

28. Shona, "Debit and Credit Card Usage in Asia," blog post, *Demystify Asia*,

June 14, 2016, http://www.demystifyasia.com/creditdebit-card-adoption-asia/.

29. World Bank Logistics Performance Index, http://lpi.worldbank.org.

第七章　拉丁美洲电商概况

1. *Economist*，"A Century of Decline," February 15, 2014.

2. 同上。

3. 同上。

4. 同上。

5. "MercadoLibre and Why South America Shouldn't Settle for Quick and Easy," *TechCrunch*, December 14, 2009.

6. Stelleo Tolda, interview by author, November 12, 2015.

7. 同上。

8. Martinez-Jerez, Francisco de Asis, Joshua Bellin, and James Robert Dillon, "MercadoLibre.com," Harvard Business School Case 106-057, February 2006 (revised January 2007), 3.

9. Tolda interview.

10. Martinez-Jerez et al., "MercadoLibre.com," 3.

11. Tolda interview; Martinez-Jerez et al., "MercadoLibre.com."

12. "MercadoLibre and Why South America Shouldn't Settle."

13. Martinez-Jerez et al., "MercadoLibre.com," 8.

14. Tolda interview.

15. 同上。

16. Sean Summers, interview by author, November 12, 2015, Buenos Aires.

17. MercadoLibre 2014 investor day presentation.

18. Tolda interview.

19. Anthony Harrup, "Mexican E-commerce Grows, but Requires Some Coaxing," *Wall Street Journal*, January 1, 2016.

20. 同上。

21. Linio company presentation.

22. Summers interview.

23. Andreas Mjelde, interview by author, November 10, 2015, Mexico City.

24. 同上。

25. Rebeca Dallal, MercadoLibre Case Study, https://www.slideshare.net/rebecadallal /mercado-libre-54033523.

26. Mjelde interview.

27. Kimberly Weisul, "You Call This Diversity? A DisAppointing Snapshot of Silicon Valley," *Inc.*, June 18, 2014.

第八章 非洲：电商的最后一块处女地

1.*African Powers for Retailing*: *New Horizons for Growth*, report (Deloitte & Touche, 2015), 5, http://www.demystifyasia.com/creditdebit-card-adoption-asia/.

2. Monique Verduyn, "BidorBuy: Andy Higgins," *Entrepreneur* (South Africa), July 2, 2010, http://www.entrepreneurmag.co.za/advice/success-stories/case-studies/bidorbuy-andy-higgins/.

3. *African Powers for Retailing*, 5.

4. "Why Does Kenya Lead the World in Mobile Money?" *Economist*, March 2, 2015.

5. Sim Shagaya, remarks at screening of *Crocodile in the Yangtze* (2012),

January 14, 2014, Lagos, Nigeria.

第九章　全民购物狂

1. Nina Zipkin, "Jack Ma on Why Alibaba Isn' t the Chinese Amazon," *Entrepreneur*, January 20, 2017, https://www.entrepreneur.com/article/288116.

2. "China Embraces Cross-Border Ecommerce," eMarketer, June 14, 2016, https://www.emarketer.com/Article/China-Embraces-Cross-Border-Ecommerce/1014078.

3. Adam Najberg and Jim Erickson, "Cross-Border E-Commerce to Reach $1 Trillion in 2020," Alizila, June 11, 2015, http://www.alizila.com/cross-border-e-commerce-to-reach-1-trillion-in-2020/.

致 谢

本书承蒙诸多企业家分享他们的个人创业经历，为此，我要向他们表示深深的谢意！

我还要感谢杰森·奥弗尔多夫（Jason Overdorf）。杰森曾在中国和印度当过记者，有着丰富的新闻从业经验。在我撰写印度电子商务史的过程中，他给我提供了很大帮助，使我能够把中印两国的电子商务发展历程串联起来。

木书得以付梓，要感谢圣马丁出版社（St. Martin's Press）的大力支持。在此我要特别感谢艾米莉·卡尔顿（Emily Carleton），她不仅为我的第一本书《阿里传》（*Alibaba's World*）提供了帮助，也在本书的写作过程中发挥了重要作用。我还想感谢圣马丁出版社的其他同仁，包括乔治·维特（George Witte）、安娜贝拉·霍克希尔德（Annabella Hochschild）、唐娜·切瑞（Donna Cherry）、莎拉斯维特（Sara Thwaite）、加布里埃尔·甘茨（Gabrielle Gantz）、卡琳·希克森（Karlyn Hixson）、保罗·霍克曼（Paul Hochman）、罗文·戴维斯（Rowen Davis）、莎莉·理查德森（Sally Richardson）以及詹妮弗·恩德林（Jennifer Enderlin）。

我还要感谢我的母亲，她帮我回忆起我们在 1985 年到曼谷旅行时参观水上集市的情形，而正是这趟旅行让我对新兴市场产生了兴趣。最后，我要特别感谢麻由美（Mayumi）、小艾莉（Aili）、我的父亲，以及其他家人，谢谢他们给予我的支持，让我有充分的使命感去完成这项任务。

图书在版编目（CIP）数据

全球电商进化史 /（美）波特·埃里斯曼著；李文
远译 . — 杭州：浙江大学出版社，2018.8
　　ISBN 978-7-308-18358-1

　　Ⅰ . ① 全… 　Ⅱ . ① 波… 　② 李… 　Ⅲ . ① 电子商务－商
业史－世界 　Ⅳ . ①F713.36

中国版本图书馆 CIP 数据核字（2018）第 130310 号

SIX BILLION SHOPPERS: The Companies Winning the Global
E-Commerce Boom
Text Copyright © 2017 by Porter Erisman
Published by arrangement with St. Martin's Press. All rights reserved.

浙江省版权局著作权合同登记图字：11-2018-416 号

全球电商进化史

（美）波特·埃里斯曼（Porter Erisman） 　著 　李文远 　译

责任编辑 张一弛 　徐　婵
责任校对 陈思佳
封面设计 卓羲雲天
出版发行 浙江大学出版社
　　　　　　（杭州市天目山路 148 号 　邮政编码 310007）
　　　　　　（网址：http://www.zjupress.com）
排　　版 杭州中大图文设计有限公司
印　　刷 杭州钱江彩色印务有限公司
开　　本 880mm×1230mm　1/32
印　　张 9.5
字　　数 228 千
版 印 次 2018 年 8 月第 1 版　2018 年 8 月第 1 次印刷
书　　号 ISBN 978-7-308-18358-1
定　　价 58.00 元